親子で学ぶ！
グングン伸びる！

とまつ式〈勉強〉のススメ

17の「勉強チェックシート」で
ステップアップ

戸松幸一

創元社

本書に収録したカウセンリング・チェックシートのPDFは、創元社ホームページ内の本書紹介ページに貼られたリンクから、自由にダウンロードできます。

検索 とまつ式勉強のススメ　創元社

装丁・組版　寺村隆史
イラスト　伊東ユウスケ

目次

◆とまつ式〈勉強〉7ケ条◆

1 やりたいことは全部やろう。1週間168時間をうまく振り分けよう。

2 まずは何も考えずに、最初の1歩を踏み出そう。

3 いきなり、他人の2倍もがんばろうとしなくていい。

4 心の中で3つ数えて、さあ集中。

5 ゲーム・テレビ・携帯電話・マンガとは、上手につきあおう。

6 やる気が起きないときは、とりあえず5分間やってみよう。

7 「むずかしい」とは言ってもいいが、「無理」「意味ない」は使わない。

❇ とまつ式〈勉強〉の概念モデル ❇

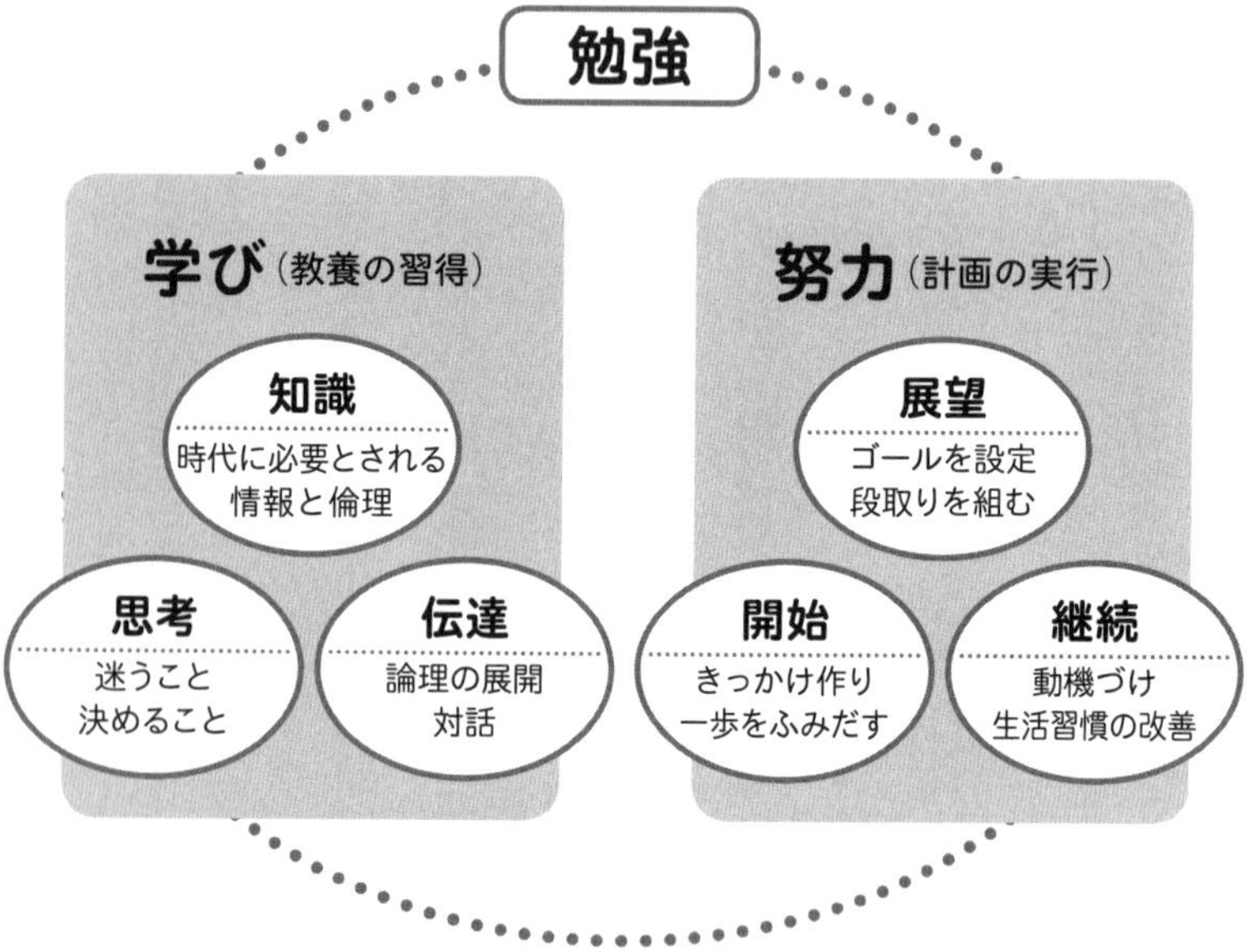

❇ 教育の目標 ❇

明るい努力のできる人を育てる。

考えたことを相手に伝えられる人を育てる。

自分の頭で考えることのできる人を育てる。

はじめに　勉強法の迷路を抜けろ

❇ 勉強に「やり方」なんて、ない！

たとえば山の登り方。あなたが登山用品店の店員だったとします。

「山の登り方を教えてほしいんですけど……」

お客さんからこんな質問を受ける。なんて答えますか？

「まずは近所の低めの山のふもとに行きます。そして頂上目指して歩いてください」

登山靴とか、ストックとか、オススメするのはここからです。

山に登る。そのこと自体に「やり方」はない。

アイゼンや酸素缶などの特別な装備や一定以上の経験が必要になるのは、２０００メートル以上の高山登頂を目指したり、冬山に登ろうとしたりするときでしょう。

天気の良い日に近場の手軽な山に登ってみる。

それが、登ってみたい人がまずやるべきことです。

山の話から始めてしまいましたが、「本を読むこと」にも「ごはんを食べること」にも、そして**「勉強をすること」にも本来は「やり方」なんてものはない。**

授業で先生の話を聞く。覚えるべきことを覚える。問題集を解く。で、テストを受ける。ちゃんとやっていれば点が取れるし、詰めが甘ければミスをする。

それだけの話じゃない？

でも**「勉強のやり方」で悩んでいる人は多い。**なぜでしょうか。

❇ 迷路を抜け出す人、抜け出せない人

この本はそんな勉強のやり方で悩んでしまう小・中・高校生と、その保護者の方のために書きました。

がんばりたい気持ちはあるけど、実行に移せない。長時間机に向かっている割には、効果が出ない。

学校や塾では、そんなにがんばっているように見えない友だちが、なぜかいつも好成績。かなわない。

「どうして成績上がらないのかな……？」

と悩むうちに、

「ひょっとして、勉強のやり方が悪いのでは？」

という問いに行きあたる。

「自分に合った勉強法」がきっとどこかにある——そんな気がしてくる。

それさえ見つかればすぐに成績はウナギのぼり、東大合格も夢じゃない！

で、先生に相談。

「勉強法を教えてください！」

「分かりました。ふだんはどんな勉強をしてるんですか？」

アドバイスをするためには、現状が分からないといけません。ところが。

「ええと……。机には向かうんですけど……」

あれ、どうしてたっけ……となる。

勉強法に悩むのは悪いことではありません。

でも**悩んでいるあいだに勉強する手を止めてしまうのはただの怠惰《たいだ》**。悩みから抜け出すことはできない。

「勉強しなくちゃ……」という気持ちと、「うまいやり方が分からないのでできない」という気持ちの板挟みになり、身動きできなくなってしまう。

悩んでばかりで前へ進めない人。さしあたり**「勉強迷子」**とでも呼んでおきましょう。

＊「勉強」をプロデュース

著者である私、戸松幸一《とまつこういち》は、京都府京都市で小さな塾を経営しています。生徒は主に小中学生。それに高校生がちらほら。

毎日、勉強についていたくさんの相談を受けます。生徒本人から、またはその保護者から。私も塾の仕事を始めた20代のころ、「勉強のやり方って言ったって……」と、戸惑うことが多かった。

しかし相談を数多く受けるうち、「勉強のやり方が分からない」と思っている人が**どこでつまずいているのか、だんだんわかるようになってきました**。

悩みの中身は人それぞれ。でも、いくつも聞いているといくつかのパターンに分けることができる。**つまずきの原因も共通していることが多い**。

この本ではそんな悩みやつまずきの種類に分けて、4章構成にしました。

第1章は、勉強をしないといけないのは分かっているんだけど、なかなか一歩が踏み出せない人のためのアドバイス。勉強についての様々な思い込みや誤解を解き、**「いっちょ**

やってみるか！」と思ってもらえるような内容にしたつもりです。

第2章は、勉強に最適な環境づくりについて。

図書館みたいに厳粛《げんしゅく》な静寂《せいじゃく》空間を家の中に作り出せればそれに越したことはないのですが、現実にはそうはいきません。テレビやゲームとのつきあい方や、親子の関わり方など、**勉強をとりまく環境をどうすれば整えられるのか**、ヒントをまとめました。

第3章は目標の立て方について。

勉強には必ず「目標」があります。**適切な目標を設定することが、勉強を成功させるために重要**です。うまくいかなくて立ち止まってしまう人は、この目標があやふやなことが多い。

第4章は各教科の勉強のコツについて。

ちゃんとやっているつもりなんだけど、思うように成果が出ない……そんな人のためのヒント集です。

各章はそれぞれいくつかの質問と、それに対する答えという形で話が進みます。これまで**私が受けてきた生徒本人や保護者から寄せられる質問や相談**のうち、特に多いものをチョイスしています。

念のために付け加えておくと、**今、私の塾に通ってくれている特定の誰かの質問・相談**

というわけではありませんので、通《かよ》っている生徒さんやその保護者の皆様は、くれぐれもご心配なきようにお願いします。

さらに、各質問に即した勉強迷子を抜け出すための手掛かりになる17枚の「カウンセリング・チェックシート」が付属しています。

遊びの要素も大きいので、気軽にどんどん書き込んで、勉強の悩みを一つでも多く、一日でも早くクリアしてください。

さあ、**勉強迷路から抜け出しましょう！**

第1章

きみの勉強、まちがいだらけ？

〈気持ち〉をつくる

質問1 勉強に向いてないと思うんですけど……

息子は外で遊ぶことと昆虫が大好きで、晴れた日は暗くなるまで友だちと公園で遊び、家に帰ると昆虫の図鑑を読みふけっています。親が見たこともないような虫の名前を知っていたり、カブトムシの生態に詳しく、親を驚かせたりしています。ですが学校の勉強には興味がなく、とくに漢字の書き取りと計算問題は学校の宿題にも手をつけようとしません。人には向き・不向きというものがあります。息子は勉強の才能がないのでしょうか。【母 42歳】

❇「才能がない」は呪いの言葉

「勉強に向いてない」とか「才能がない」というのは**一番言ってはいけない言葉**。これは自分を、わが子を無限の負のスパイラルに引きずり込む呪いの言葉です。

自分で思っても、ダメ。「ピグマリオン効果」とか「予言の自己成就」など、言ったことがそのとおりになるという学説はたくさんあるし、実体験でもよくある話。

「すごいね！」「よくできる！」「てんさ〜い！」

カン高いネコなで声で、わが子を褒《ほ》めそやすのがいいというわけではありません。

大したことしてないのにベタボメされるのは、子どもでも大人でも**「バカにされてんのか……?」**と不審な気持ちになる。

どういう人が「勉強に向いている人」なのか。勉強ができる人？　勉強が好きな人？

大半の子どもは勉強が好きではない。周囲から「できる」と見られている子どもでも、自分のことを「勉強ができる」とは思っていない。

それでも**努力して理解できたらうれしいし、まわりのみんなも認めてくれる**。

やっているときはしんどさもあるけれど、その先の成果を正しく見越して、達成の喜びのために、なんとかギリギリがんばる。勉強って、そういうものじゃないかな。

こんなことを言うと、

「勉強を苦行か何かと勘違いしている。本来、学びとは楽しいもののはずだ」とか「次世代の勉強はデジタル機器を駆使し、楽しく遊びながらいつのまにか身につくものだ。つらい勉強なんて時代遅れ」……なんて脊髄反射的な反論が飛び出してくる。

まあ、そういうこともあるかもしれません。反論はしない。

でも、**「楽しいだけの勉強」で掛け算九九をマスターすることはできても、難関大学に合格することはできない。**この事実はこの先も同じです。

❇ 素質の差は、ある

誰だって気持ち次第でトップを目指せる！　なんてことを言いたいのではない。むしろ逆。

理解の早い子、遅い子。テストで満点のとれる子、取れない子。単純な計算問題をすんなり理解できる子、できない子。同じ文章を5分で読みきれる子、20分かかっても読み終わらない子。**個人差はあります**。そこから眼をそらすべきではない。

日本の教育は**小学校低学年の能力を客観的に測るシステムが弱い**。

「誰でもわかる授業」をして、「大丈夫ですよ、大丈夫ですよ」と言い続けて、3年生になったとたんに「漢字ができませんね、計算が遅いですね」。

「えっ、うちの子、できないの？」と言われて初めて気づいて、家でドリルをやらせてみると、実際にできない。で、

「ああ、うちの子、勉強に向いてないんだ……」

これを言ってしまうと、すべてが終わり。子どももあきらめます。親も手を離しておし

まい。**「できない子」の一丁上がり。**

「なんとかしよう」というキモチが大切。早ければ早いほど修正はきく。**勉強は現実を見据えるところからスタートする。**

❇「ギフト」を求めて

He is the most **gifted** student in the class.

（日本語訳）彼はクラスで最も才能のある生徒だ。

「才能（に恵まれた）」を意味する英単語はいくつかありますが、giftedもその一つ。ギフトgiftは贈り物。神様から才能を与えられた、ということです。日本語で言えば「天賦の才」とか「天分」というやつ。

ぼくは、私は、わが子は、何に向いているんだろう……？　きっと、なにか「向いている」何かがある。ギフトがどこかに落ちているはず……。

こうした考えの奥底には「向いてたら、やる」、つまり**「向いてないなら、やらない」という本音**が隠れている。

自分に向いている何かを探し続ける。ある種の若者がハマる**「自分探し」に近い。**

「予定説」というのを高校の社会で習ったの、覚えてますか。

死後、神様に救われる人はあらかじめ決められており、どんなに祈っても、善い行いをしてもその予定は変わらないというキリスト教の教えの1つです。

教徒たちは自分こそが救済を予定された選ばれし人間であることを証明するため、毎日お祈りをし、一生懸命働き、お金を貯め、倹約に励んだそうです。

「才能」も、この「予定説」のようなものではないでしょうか。

世界で輝けるような素晴らしい才能を持っている人は、生まれたときにすでに決まっているかもしれない。でも**自分に「才能」があるかどうかは、決して分からない。**

カミサマからの授かりもの（ギフト＝才能）がどこかにあると信じて、自分の中を探究しつづけるのは楽しい旅かもしれません。でも**「向いているもの」を探す旅は、自分の内面ではなく、外に向かうべきもの**です。

スポーツや芸能の世界には、飛びぬけた「才能」で一躍スターになるような人がときどき現れます。将棋とか、フィギュアスケートとか、脚光を浴びますね。そういう人は、自分に「才能」があることを知っていたのでしょうか。

もし「才能」がなかったら、早々にあきらめていたでしょうか。そんなことはない。**「才能がある／ない」というのは、「努力する／しない」とは別問題。**

自分に才能があるのかないのかを思い悩むことは、神様に愛されているか、愛されていないかを気にするのと同じです。

能力の高い人、低い人。才能のある子ども、ない子ども。いろいろいるのは、事実でしょう。でも、まずは取り組んでみようという気持ちがないと、何も始まりません。

するか、しないか。単純な二択です。

まとめ

- 「この子は勉強に向いてない」とか「才能がない」は、親が一番言ってはいけない言葉！
- 素質の個人差はあるけれど、その現実を見据えた上ではじめるのが勉強。
- 才能があるかないかを考えていても時間の無駄。やるかやらないかの二択。

ねらい

「向いてないこと」ではなく、「向いてること」をハッキリさせよう。
本人も周りの大人（保護者・先生）もそれを受け入れることが大切！
ポジティブシンキン！

やりかた

1．向いていると思うことを1から順に片《かた》っ端《ばし》から書いていこう。
自薦・他薦は問いません。必ず全部埋めること。
勉強と関係ないことでも可。でもなるべく関係あることを書くようにする。

2．向いていることは、間違いなくきみの長所、強み。
そこから勉強に応用できそうなところをチェックしていこう。

memo

質問 1　カウンセリング・チェックシート

輝く！「向いていること」ランキング

1位

2位

3位

4		14	
5		15	
6		16	
7		17	
8		18	
9		19	
10		20	
11		21	
12		22	
13		23	

質問 2

がんばらなくてもいいってホント?

私が学生のころは、部活に勉強に、みんながかんばっていました。でも今は働き過ぎが批判され、練習の多い部活も減ってきているようです。勉強も、そんなにがんばらなくても大丈夫なのではないでしょうか。【叔母　32歳】

ストップ!　受験戦争

「教育改革」が話題です。いつからかと言うと1984年。中曽根康弘《なかそねやすひろ》内閣のころから。以来30年あまり、**日本の教育はノンストップで改革を続けてきました**。たとえば土曜日の3時間授業、いわゆる「半ドン」が廃止され、公立の学校は週休2日になりました。教科書が薄くなったり厚くなったりしました。教室にパソコンや電子黒板が導入されました。職員室の組織もいくらか整えられたようです。

改革のきっかけは1970年代に過熱した悪名高い「受験戦争」。受験の失敗を苦に自殺する若者、貴重な青春の数年間をすべて勉強に捧げる若者が問題視されるようになりました。

教科書は薄くなり、週休2日になりました。小学校で習う円周率が3・14から3になったときはさすがにみんなビックリしました。**「ゆとり路線」**というやつです。

受験戦争の緩和。つまり勉強量を減らすこと。**教育改革は、勉強を「がんばり過ぎない」ための改革**だったと言えます。

勉強だけではない。日本人は「働きすぎ」とよく言われます。連日サービス残業、休日返上。劣悪な労働環境のなかで過労死してしまったり、精神を病んでしまったりする例もあとを絶ちません。

すでに「がんばり過ぎている」人に、これ以上「がんばれ」と言わないで——こんなことが言われだしたのは、たぶん20世紀の最後の5年くらいではないでしょうか。今ではすっかり常識です。

たしかにその通り。異論はありません。「勤勉すぎる日本人」は、もっと心にゆとりをもって幸せに生きるべきだ。フランス人を見なさい、夏は1ヶ月まるまる休んで南の島でバカンスを楽しむんですよ――。

いいですね、バカンス。私も休みたい。

でも、1ヶ月は長すぎかな。個人的には数日あれば充分です。

ニュースを見ていると、21世紀の今日でもなお、長時間のサービス残業や休日出勤が常態化した職場は少なくないようです。労働環境はまだまだ課題が残っている。

ただ、日本人が**「勤勉である」ことや「勉強熱心である」ことをやめてしまって、ほんとうにいいのでしょうか。**

❇「頑張って!」はまちがっている

「がんばる」というのは「努力する」ということとだいたい同じ意味。

でもニュアンスは少し違います。辞書で引いてみましょう。


「がんばる」

〔「我(が)に張る」または「眼(がん)張る」の転という。「頑張る」は当て字〕
①あることをなしとげようと、困難に耐えて努力する。「―・って店を持とう」「負けるな、―・れ」

②自分の意見を強く押し通す。我を張る。「ただ一人反対意見を述べて—・る」
③ある場所を占めて、動こうとしない。「入口には守衛が—・っている」
（三省堂『大辞林』ウェブ版）

よく使われる**「頑張る」という漢字は当て字**で、正しい表記ではない。もともとは厳しい見張りをする意味の「眼張る」、または我を張るという意味で「我に張る」という言葉が語源だそうです。

言われてみれば、ちょっと古い小説のなかに③のような使い方を見たことがあるような気もします。

勉強に使うのは①の用法。「あることをなしとげようと、困難に耐えて努力する」。**ふつうの「努力」に加えて、「困難に耐える」という意味が加わっている**ことが分かります。

マラソンや水泳など、体力の限界と戦いながら記録に挑戦するスポーツでは、ゴール間際にかなり「がんばり」ます。

小旗を振って応援する人も、声を嗄《か》らして「がんばれ、がんばれ」を連呼します。

勉強を「がんばる」ときも、こうしたスポーツの「がんばり」をイメージしてしまいがちです。

たとえば眠いのを「ガマン」して夜遅くまで勉強を続けるとか、友だちと遊んだりすることやテレビやゲームを「ガマン」して独り机に向かうとか。

精神力と体力を削って、努力を続ける。

がんばることはガマンすること、つまり「忍耐」とのコインの裏表です。

高度成長をとげた日本にとって、そうした**過剰な忍耐をともなう努力は「非人間的なもの」として嫌われてきました**。

「受験戦争」はそうした行き過ぎの「がんばり」に若者を駆り立てる悪しき風習として問題視された。これを終わらせるべく重ねてきた試行錯誤が「教育改革」なのです。

❇「勉強」は万民《みんな》のものか

私が日本の教育制度に求めることはシンプルです。それは**チャンスが誰にでも開かれているべきであるということ**。

勉強に限ったことではありませんが、**努力が正しく報われること**が、社会が健全であるために何より大切なことだと思うからです。

20世紀後半の「受験戦争」は、確かにいきすぎた部分がありました。

受験勉強にかけがえのない青春の時間を奪われる若者たち。筆記試験の点数だけで能力が測られる風潮。

大学や高校がそれぞれの教育カリキュラムや校風といった個々の魅力ではなく「偏差値の輪切り」によって序列化されてしまったことも、その弊害のひとつでしょう。

良くない部分は修正すべきです。むやみやたらと努力を強要するのもよくない。

ですが、この「反・受験戦争」の風潮もいきすぎて**「努力してはいけない」価値観が蔓《まん》延《えん》してはいないか**。

人より努力していると、何だか周囲から白い眼で見られそう。

「私、全然勉強してない〜。ヤバいわ〜」

テスト前日、教室でこんなこと言っておいて、翌日の本番ではちゃっかり高得点を取る子。クラスに1人か2人、そういう子がいました。クラス内順位を上げるために周囲を油断させることが主たる狙いだったかもしれませんが、そんな子は同時に**「がんばっている自分」を見せたくない**思いもあるのではないかと想像します。

いわゆるトップ校の生徒たちは毎日大量に宿題が出され、それをこなすのに必死です。

一方では、普通の公立小中校で「がんばらなくていいよ」といわれる。

「がんばる」が否定されている世界と、受け入れられている世界。

どっちを生きてきた人が強いでしょうか。答えは自明です。

がんばることは、ただ無理をすることではない。

努力して、目の前の現実を変えようとすれば必ず何らかの抵抗があります。これを無理と考えるかどうかは、そのときどきの状況や、心の持ち方次第です。

だれでも無理してがんばらないといけない社会は生きづらい。

でも、だれでもいつでも、**がんばろうと思ったときにがんばれる世の中、そういう人を応援する風潮が大切なんじゃないか。**

「受験」のシステムはそのための一つの道です。

21世紀の今日、高度経済成長からバブル経済にいたる、日本の繁栄の夢は過ぎ去りました。私たちはもう一度、努力や勤勉の大切さを見つめ直すべき段階に立ち返っている——というのは、言い過ぎでしょうか。

勉強は人生のすべてではありません。そんなことはみんな知っています。

でも、**努力して得た学識や学歴からは、必ず得るものがある。**人生をゆたかにする。

まとめ

- 教育改革はいきすぎた受験戦争を冷却するための「勉強しないための改革」。
- 「がんばる」は「努力＋忍耐」。高度経済成長期以降の日本ではこの言葉が嫌われてきた。
- だれでも「がんばれる」世の中が開かれた社会。努力して得た学識や学歴からは得るものがある。

ねらい

やりたいことをやるために、何をすればいいのか？
こんなことをしたら目標から遠ざかってしまうかも？
ということを、客観的に考えてみよう。

やりかた

1．まずはゴールを決めよう！
例 定期試験で５教科計400点以上とる！
○○中学合格！　漢検○級合格！

2．ゴールにたどり着くまでに、何をすればいいかな？
それぞれのマスに、やるべきことを書いていこう。
例 １時間勉強

3．「１回休み」や「○マス進む」、「スタートにもどる」のマスの内容を考えよう！
例 勉強中にいねむり。 １回休み
勉強道具一式全部家に忘れてきた。 スタートにもどる
先生に質問したら分かりやすく教えてくれた！ ２マスすすむ

4．「ストップ！」のマスは運命の別れ道。どんなルールにするかな？
例 テスト前週の日曜日に友だちからカラオケに誘われた！　どうする？

質問２　カウンセリング・チェックシート

《すごろく式》がんばりたいこと逆算表

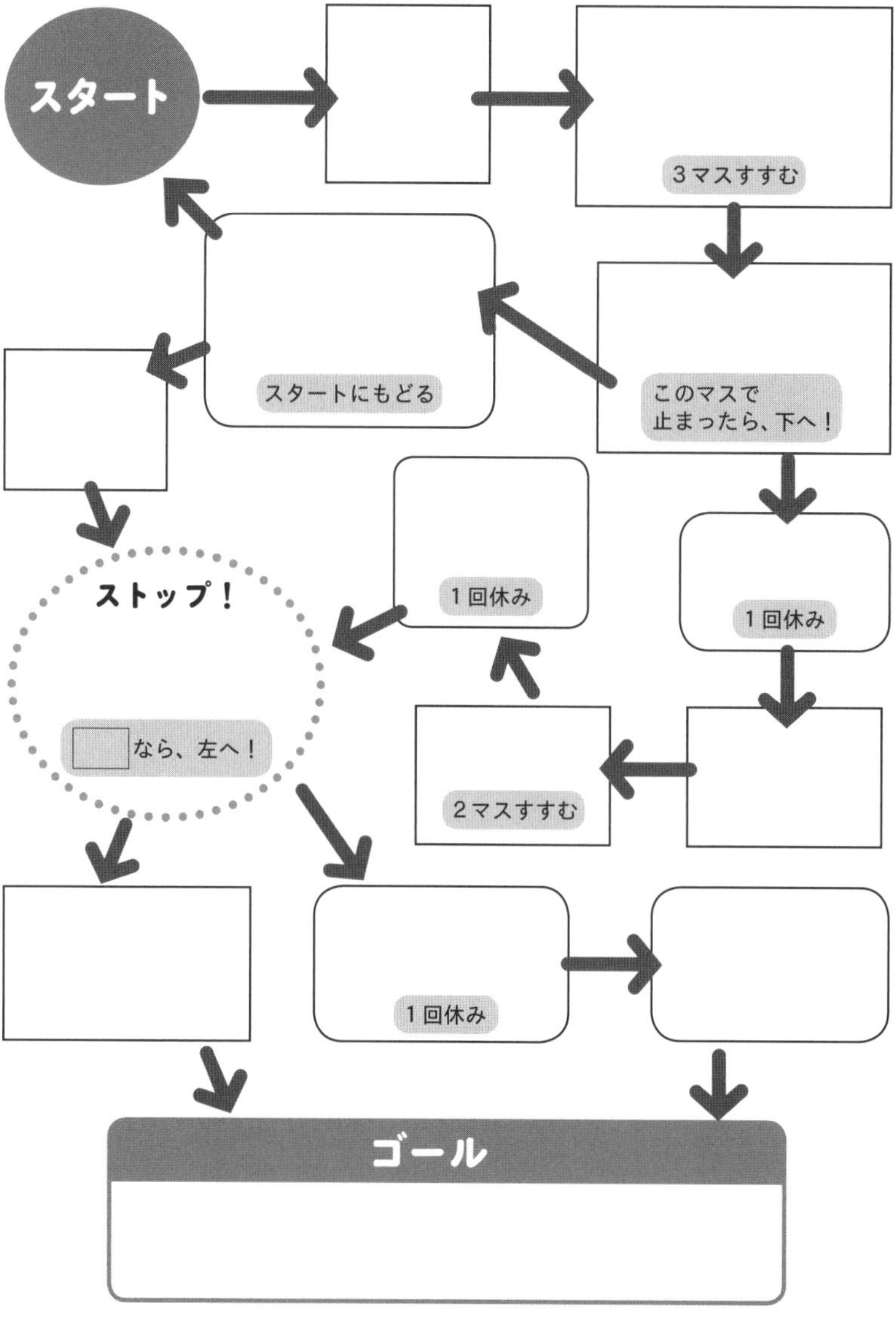

質問3 うちの子って文系？　理系？

息子は小学生の頃から計算問題でミスが多く、簡単なテストでも算数で満点を取ったことがほとんどありません。本はわりとよく読むのですが、漢字を覚えるのは苦手です。本人は将来、科学者になりたいと言っており、習い事の科学実験教室には喜んで通っているのですが、学校の成績は理科はあまりよくなく（特に星の単元が苦手です）、むしろ社会の成績が良かったりします。息子は文系なのでしょうか。それとも理系なのでしょうか。【父　37歳】

❇ どこから文系、どこまで理系

指を伸ばして人差し指と薬指の長さを比べる。**薬指が長ければ理系。人差し指が長ければ文系。**

冗談《じょうだん》みたいだけど科学的根拠のある話だとか。

イギリスの心理学者、ジョン・マニング博士の実験。１９８８年。

薬指が長いということは、胎児のときに**母親の子宮の中で男性ホルモンを多く浴びた**人の特徴だそうで。で、男性ホルモンを浴びた方が、性格が攻撃的で、かつ数字に強くなるんだって。だから、理系。

ちなみに私は文学部卒、大学院は教育学の**ド文系**ですが、人差し指より薬指の方が長い。同じく文学部（国文学科）卒の妻の手も見てみたけど、やっぱり薬指が長かった。

「薬指が長い人は理系が多い」ことは言えても、「理系の人は薬指が長い」とは言えない。「文系は人差し指のほうが長い」わけでもない。逆は真ならず。例外は多い。

いずれは遺伝子を解析して、生まれた瞬間に文系・理系どころか、向いている職業や事務処理能力、芸術的センスなんかも分かってしまうかもしれません。

そういう世界が人にとって幸福かどうかはともかく、今のところは、**外見で人の知的能力を測る決定的な手段はまだない**ようです。

❇ 理科の先生は理系なのか

塾には**文系学部出身の数学・理科の先生**がたくさんいます。

アルバイト講師として採用された当初は国語や英語、社会科を希望していたけど、配属された教室にたまたま理数の担当がいなかったので、教室長から「ちょっと、やってみて」と勧められる。

大学受験でセンターレベルまでなら勉強したし、予習しながら教えているうちに慣れてくる。

文系学部出身の理数講師は、だいたいこういう経緯で誕生します。

もちろん工学部とか、教育学部の数学科出身とかの講師もいます。でも、小中学生に教えているうちは、文系出身の先生が理系出身の先生に見劣りすることはない。

むしろ「分かりやすい」と評判をとるのは、文系出身の理数の先生のほうが多いかもしれません。

私が面白いと思うのは、そういう**文系出身の理系教科担当の先生のなかに、「私は理系」と思っているフシがある人が少なからずいる**ということ。文学部や法学部卒でも、塾で小中学生に理科を教えているから理系……ちょっと、違和感ありませんか。

学校の理数の先生は自分のことを「理系」と思っているでしょうし、それについて異論を差し挟む人は多くないでしょう。

白衣を着て理科室で実験したりもするので、風体もより「理系」っぽい。理数の教員免許を持っているし。でも何より重要なのは理系の学部を出ていること。

要するに「文系」か「理系」かは**大学でどの学部を卒業しているのか**、ということにつきる。

でも、大学で学ぶ内容は、文系のなかでも経済学部と法学部と文学部ではぜんぜん違うし、理系学部内でも医学部と工学部、環境ナントカ学部では変わってくる。

文系・理系と言うのは、本質としては大学受験対策のための教科選びと、メーカーに就職するときの採用窓口の違いに過ぎない。

理学部出身だけど事務の仕事をしている人。薬学部を出て営業をしている人。もともと工学部だけど、文系学部の大学教員をしている人。

私の知っている人を見回しても、こういう人がいます。

やっている仕事がいわゆる文系でも、大学が理系なら、「私、実は理系なんです」ということになる。

「うちの子は文系ですか？　理系ですか？」という質問への答えは、**「文系学部を出れば文系ですし、理系学部を出れば理系です」**という、それだけのものです。

❇「ムキ・フムキ」より「スキ・キライ」

「国語って好き。だって、答えが一つじゃないから」

「理系科目は答えがはっきりしてる」

よく言われることですが、どちらも正確ではない。**国語だろうと、算数だろうと、テストでは、答えは一つ**。

正答の「幅」が設けられている設問はあります。作文や論述は答えの幅が広いでしょう。単純な計算問題や歴史の年号といった暗記モノは、答えの幅が狭くなります。

算数（数学）といえば足し算・引き算の答えや方程式の解など、明解な数字で答えを出す問題が多い印象なので「はっきりしている」という印象になる。

それに対し、国語の読解問題などは文章の解釈に「こういう見方もあるけど、こうとも読める」という場合がある。それに記述問題は細かな表記の違いは採点に影響しないので、「勉強初心者」からすると答えがいくつもあるように思える。

でも勘違いしてはいけないのは、**国語の問題も求めるポイントは一つ**だってこと。記述問題にも細かな採点基準が設けられているし、小論文・作文も、出題者は明確な意図をもって問題を作っている。算数・数学も、文章題や複雑な図形問題の解法が複数あることは珍しくない。

証明問題は、国語の記述と同じ程度には解答の「幅」がある。

特に小中学校までの勉強で大切なのは、**論理だてて物事を考える力を養うことと、社会**

に出たときに必要な一般常識を身に付けること。この点に変わりはありません。

文系・理系という分け方は便利なときもありますが、**中学までの勉強で分けて考えすぎるのはいいことがありません**。どうしても「文系」か「理系」かどちらかに分類したいのなら、**「どっちが好きか」**で決めちゃいましょう。

決して「国語ができないから理系」とか、「算数がニガテだから文系」といったネガティブな選択はしないように。

まとめ

- 今のところ人を「文系」と「理系」にはっきり分ける指標はない。
- 大学の学部と就職窓口が「理系」と「文系」を分けている。
- 小中学校では「文系」「理系」を分けて考えすぎないほうがよい。大切なのは「どっちが好きか」。

ねらい

今、知っている仕事を書き出す。

将来ここに書いた以外の仕事につくことになるかもしれないし、その可能性のほうが高い。

やりかた

1. なりたい職業ではなく、自分の知っている職業、なんとなく思いつく職業を書いていく。
   例 先生、保育士、お医者さん、警察、タクシー運転手

2. 書き終わった仕事はやりたい仕事？　やりたくない仕事？　分けてみよう。

3. 知らない仕事は目指せません。これから空欄を埋めていこう！

memo

質問３　カウンセリング・チェックシート

オレ流／ワタシ流　職業分類ツリー

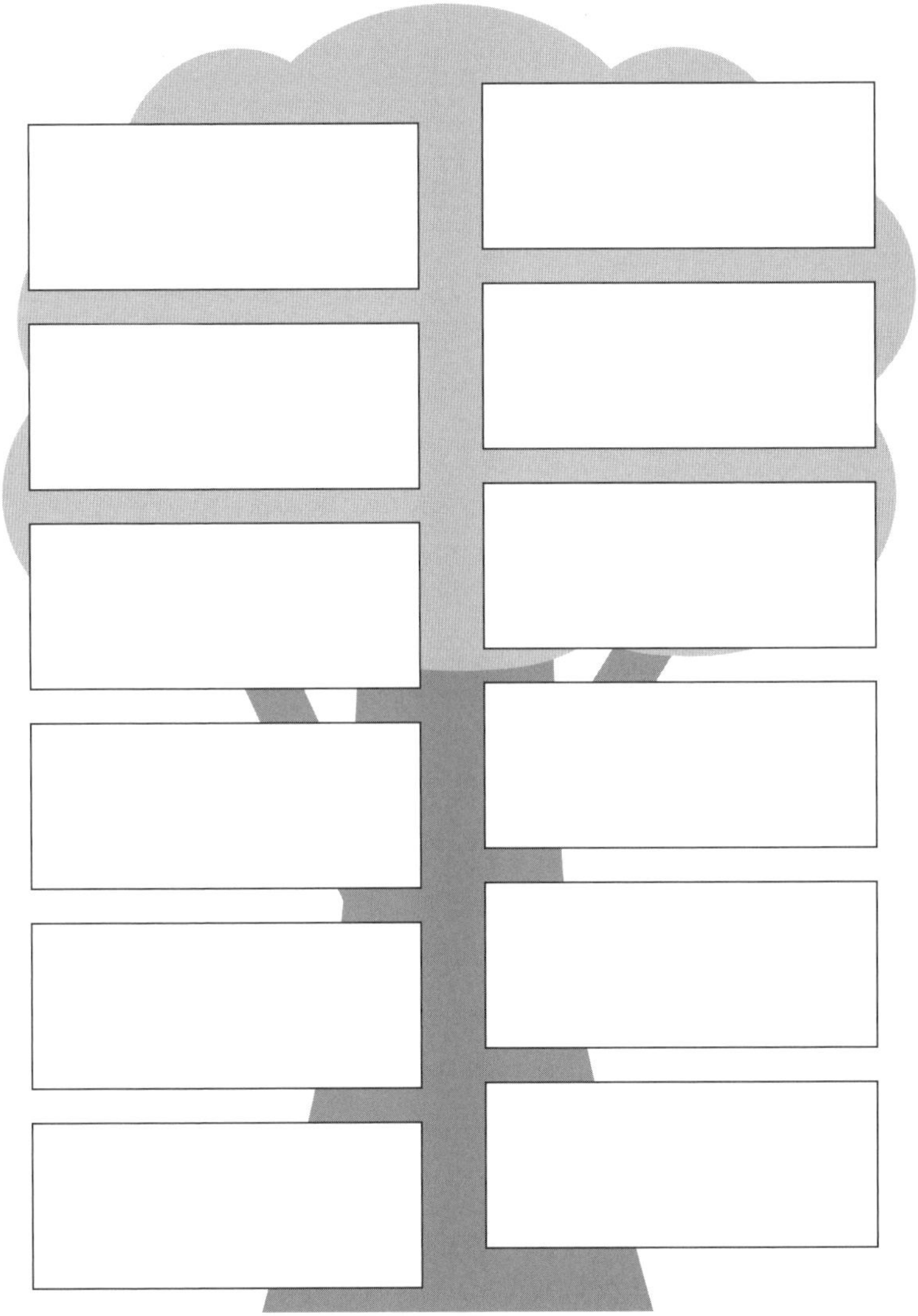

質問 4

集中力がありません。どうすればいいですか。

わたしは何をしてもすぐに気が散ってしまい、集中がもちません。特に勉強は10分以上集中できたことがなく、すぐにスマホを見てしまいます。本も長い時間読めないので、読解力もありません。集中力がない私のような人は成績を上げることはできませんか？【女子 17歳】

❋ きみの集中力、何馬力？

「うちの子、読解力がなくて……」「私、計算力弱いからさぁ〜」「おまえら、集中力がないぞ！　もっとシャキッとしろ！」

力、という漢字。

保護者、先生、生徒問わず、勉強にまつわる世界でよく使われます。

ひところ出版界隈でも**「〇〇力」**とか**「〇〇する力」**というタイトルの本が流行りました。というか、今も流行は続いているかもしれません。

著者が有名人だったり、よく売れたりした本で例を挙げれば、『聞く力』（阿川佐和子《あがわさわこ》、2012）、『伝える力』（池上彰《いけがみあきら》、2007）、『多動力』（堀江貴文《ほりえたかふみ》、2017）、『心の力』（姜尚中《カンサンジュン》、2014）、などなど。数え上げればきりがない。

「力」というのはもともと筋力、腕や足の力のことを指します。引っ張ったり押したり、重いものを動かす力。

キログラム重とか、ニュートンとか、馬力とか、客観的な数字で表すことができる物理的な概念です。

他人を動かすことのできる「権力」という言葉は、もともとの「力」の意味から派生した比喩《ひゆ》（たとえ）の表現。

計算「力」や集中「力」、それに意思を伝える「力」や人の話を聞く「力」は、そうした比喩をさらに押し広げた言葉の使い方です。

わざわざ「力」にたとえるのはなぜか。

それは**どっちが「強い」のか、比べることが容易だから**。

ある事柄を「力」のバロメーターで表示すれば、他人と自分の優劣をはっきりさせることができる。弱点や強みを発見することもできる。

勉強の現場で使われる「力」はどうでしょう。

「学力」を筆頭に、記憶力、集中力、読解力、計算力、語彙力、単語力、理解力、論理力……枚挙に暇《いとま》がない。

でも勉強に関するそうした「力」は、「○○力がない！」という言い方で使われるのがほとんど。**それだけで終わってしまうのはちょっと残念な思考停止。**

大切なのは、そこから先です。

❇ 力を分解する

レゴならいつまでもやり続けるけど。ゲームなら熱中するけど。サッカーなら夢中になれるのに……。

それって、「集中力がない」のではなくて、**単に「勉強がキライ」なだけでは？**

何をやっても集中が続かない子は、います。たとえそれがテレビゲームやアニメであっても。

でもたいていの子どもは「集中力」そのものはある。**勉強に向かないことが問題なだけ。**

だから考えるべきなのは、「集中力がないからどうしよう」ではなく、**「勉強に集中を持**

続させるにはどうすればいいのか」ということ。

この違いは小さいようだけど、けっこう大きい。

「読解力」なんてのもその一つ。国語の問題が解けないことが、必ずしも「読解力がない」ことを意味しません。

「○○力がない」と思うと問題が大きくなってしまう。ちょっと言いかえてみましょう。

集中力がない　↓　**勉強に集中できない**

計算力がない　↓　**計算でミスが多い**

語彙力がない　↓　**知らない言葉が多い**

読解力がない　↓　**文章を読み違えることが多い**

「○○力」がないというと、その子どものもって生まれた性質や欠点のように思えますが、このように言いかえれば、**学習上のちょっとしたつまずき、あるいは課題と捉えなおすことができる。**それならなんとか解決できるような気も、してきませんか？

❇ 鍛《きた》えてこそ、力

生まれつき腕力の強い人と弱い人がいるように、**「集中力」や「読解力」にも個人差があるのは事実。**

でも「力」で表現できるものは、**トレーニングで伸ばすことができる。**

だから「集中力がない！」とネガティブに考えるのではなく、

「集中力を鍛えよう！」

こんなふうに考えるのなら「〇〇力」という括《くく》り方も無意味ではない。

勉強に対する集中力はないけど、工作やゲームなど、好きなことならいつまででも集中がとぎれることがないという人は多い。だから勉強を好きになることができたら一発解決！　……なのは間違いないのですが、そんなに簡単に物事は進みません。

やり続けて、成果が出る。で、ちょっとは好きになる。そうすると、「集中」することができるようになる。とどのつまり、そうした地道な取り組みを続けていくしかありません。

一日だけ、腕立て伏せを１００回したからといって、次の日から筋力がつくわけではないのと同じです。

気長な努力に耐えられそうにない。そういう人には、私はとりあえず**期限を「半年」に区切る**ことを勧めています。

集中力にしても、読解力にしても、語彙力にしても、トレーニングを始めたからと言ってすぐに効果が出るものではない。でも、続ければ確実に向上します。

半年後には、今よりマシになっている。

それを目標にして、生活を少しだけ変えるのです。

まとめ

- 「○○力がない！」で考えを終えてしまってはいけない。
- 「○○力がない」を、別の言葉に言い換えて克服しようとする気持ちが大切。
- 「力」はトレーニングで鍛えることができる。まずは半年間、努力してみよう。

ねらい

自分の「力」を自分で評価してみる！　家族の人が手伝ってももちろん可。

強いと思う「力」を武器にしていこう。足りない力をこれから少しずつおぎなっていこう。

やりかた

1．自分の「力」を自分で設定しよう！　力の種類も自分で決めよう！　ゲージをぬりつぶそう。
例　集中力　■■■■■□□□□□
　　あそび力　■■■■■■■■■□

2．自分が強いと思う力は、どんなときに役に立つかな？

3．たりないな、と思う力は、どうやったら伸ばせると思うのかを下の空欄に書こう！

memo

質問 4　カウンセリング・チェックシート

自分で決める！　パワーゲージ

力	□□□□□□□□□□

力	□□□□□□□□□□

力	□□□□□□□□□□

力	□□□□□□□□□□

力	□□□□□□□□□□

〈やる気〉はいらない

「センセー、やる気が起きない。なんとかしてー！」

テンションがミニマムに下がった中学生がたまに言うセリフ。

やる気が出れば、する。だからだれかにやる気にして欲しい。

やる気って、なんでしょう。

「よし、いっちょやったろか！」という気分。

そう、**気分に過ぎない**。

センセーのなだめすかしが功を奏して、その場でちょっと「やる気」が出ても、まあもって10分かそこら。

気分。カタカナ英語で言えばムード。

真夏の恋が秋の訪れとともに終わりを告げるように、**ムードに頼った勉強をしていても、長続きしない**ことは目に見えている。

「やる気にならないからできない」

これは、この章の最初で取り上げた「才能がないからできない」というのと、論法がよく似ている。

今の自分以外の誰かから何かを与えられれば行動を起こせると思っている。

でもこれ、本当でしょうか。かなり疑わしい。

「やる気がない」と思っている瞬間も、先生かだれかに何かを言われて「よっしゃ、やる気でたー！」とはしゃいでいる瞬間も、**勉強していないのは同じ**。

○○がないから××できない、という論法は、**まず言い訳と考えたほうがいい**。

だれでも、そんなにそうそう、いつでもやる気に満ちているわけじゃない。

「やりたくないな～。気が乗らないな～」

と思うことが多いのは、だれでも一緒。

「やる」人と、「やらない」人の違いは、実践が習慣になっているかどうかということ。

一日のうちの決められた時間を勉強に使う。

なにがあってもコレだけはやる、ということが決まっている。

勉強するためにやる気を起こすのではない。

やる気がないときでも勉強できる生活を整えておく。

努力とは、その場その場で無理をすることではなく、日常生活の中に時間を組み込むことです。

なかなかやる気が起きないときでも、**とりあえず5分やってみるつもり**で始めてみてください。

うまくいかないときもあるでしょう。でも大抵は、10分、20分、1時間と、なんとか勉強を続けられる。日がたつにつれてその時間は延びていくはず。

それが**「集中力を鍛える」**ということです。

まとめ

- やる気は気分。ムードに頼った勉強をしてはいけない。
- やる気がなくても勉強できる生活を整える。
- やる気が起きなくても「まずは5分だけやってみよう」と思って始めてみる。

第2章

カエルの子はタカを生むのか

環境を整える

質問 5

娘に勉強を教えているとマジギレしちゃいます

娘は国立四大理系卒の父親である私よりも私立短大文学部卒の母親に似たようで、算数の理解が遅いようです。学校の宿題が分からないというので時間があるときに教えてみるのですが、初歩的なところでつまずき「分からない」を連発するばかりで考えようともしません。

私もついイライラして語気が荒くなり、最後にはケンカになるため疑問が解決しないばかりか、娘の算数嫌いがますます進行してしまいそうで恐怖を感じます。

ケンカにならない教え方はありますでしょうか。【父 52歳】

❇ そんなの、当たり前でしょ!

ケンカの原因になる教科はだいたい決まっていて、**算数・数学か英語。**あとは**国語**の読解問題がときどき。

反対に、社会や理科はお父さん・お母さんでも比較的スムーズに教えられる。

「どうしてこんなことが分からないの……?」

小学低学年なら、長さやかさの問題。時計の問題。もうちょっと前だと、10+8とか、10+4みたいな、10にいくつか、一桁の数を足す問題。中学年なら角度と倍数・約数。高学年なら割合、速さ。

スンナリ理解できる子がいる一方で、つまずく子が多いところです。

長さや角度の問題は、大人は概念ごとはっきりと理解しているので、そもそも「教える」必要を感じない。

「ここからここまでの長さ」と「あそこからあそこまでの長さ」のどちらが長いのか。

長さの話をするときに、紐《ひも》やコンパスを使うのは有効なやり方でしょう。

でも、それでもやっぱり、理解できない子はいる。「当たり前」のことなのに。

もしかして、うちの子、アホなんじゃ……そんな不安を抱いてしまう瞬間です。

大人は今は「当たり前」のこととして理解できていても、子どものころ、ちょっと苦労したことがあるかもしれない。忘れているだけです。

「当たり前」にたどり着くための道のりがある。

長さ、重さは記憶がありませんが、私は子どもの頃、角度を理解するのに苦心したのを覚えています。

「角度」は「角（かど）」と書くのに、辺と辺の広がり具合を表すということに、なかなか思い至らなかった。「頂点」との違いが分からない。

自分も分からなかったところだから説明できるぞ……と意気込んで一から教えるのですが、うまくいくときもあればやっぱりダメなときもある。

とはいえすぐには呑み込めない子も、繰り返し説明したり、問題をたくさんやるとたいていはできるようになります。いずれ本人にとっても「当たり前」のことになる。

人は何かを理解するとき、**すでに知っている何か別のものと比べることで理解します。**

新しく聞き知った事柄を比べるためのものが、知識の受け皿になる。

7歳にもなれば子どもと大人は日常的な意思疎通は普通にできる。でも、だからといって、大人と子どもの理解の枠組みは同じではない。

経験が少ないので、新しいことを見聞きしても、理解するために比較するものがない。だから理解の仕方そのものが、大人とは違っていることが多いのです。

分かっている、と思っても、それは字面をただ丸暗記しただけのこともある。妙に生意気なことを言う子どもとか、そういう理解の段階にいる。

子どものほうがすぐれていることもあるいっぽう、**まだまだ未熟な部分もあるということです**。

そのことをよくよく承知したうえで子どもに接しないと、

「この子、親の話を全然聞いてない」

「理解しようという気がないんじゃないか……?」

と、親の方にストレスがたまっていき、最後は**爆発炎上**、ほかの家族メンバーも含めた**内乱状態**に……という悲惨な結末を迎えることになる。

子どもが分からないと言い続けるようなら、**一時撤退する勇気をもつ**。

塾や学校の先生に相談するなり、時間をおいてからもう一度取り組むなり、余裕をもった対応が必要です。

❇ その記憶、確かですか

「中学生のときは、英和辞典をたくさん引きました。子どもにも辞書を引けって言うんですけど、引こうとしないんです」

中学にあがったら英和辞典を買うべし。で、とにかく辞書をたくさん引くべし、引くべし！

間違ってはいません。私もオススメしたいです。

でも、ちょっと待って下さい。中学生のとき、**本当にそんなにたくさん英和辞典を引きましたか？**

たとえば、like。

中学1年生のかなり最初のほうで習う一般動詞。意味は「好きだ」。知ってますよね？

この単語、どういう意味なんだろ。中1の子が、英和辞典で調べたとします。すると、こんな文言に出会う。

like[laik] **adj.** (more ~ , most ~ ; 時に《詩語》lik-er, lik-est) 1 〈外見・形・性質などが〉等しい (equal) , ほぼ同じの［等しい］:things of ~ shape 同じ形の物 / poems of ~ character 同じ性格の詩 / **in** ~ **manner**[**of fashion**] 同様に……

……**わからん！**

引用したのは手元にある小学館『プログレッシブ英和中辞典　第2版』。中学生向けではありません。もうちょっと基本的な辞書もたくさんありますが。

「好きだ」の意味でまず習うlikeは、そもそも動詞の意味ではなく、形容詞の「等しい」

という意味から記されている。

　ほかにも adj. って何？　とか [laik] って？　とか。品詞の略号も発音記号も、英語初学者には訳の分からない暗号のようなもの。

　よく思い出してみてください。ほんとうに中学1年から「辞書を引きまくって」勉強していましたか？

　辞書をたくさん引いたの、高校生のときじゃない？

　オレ、若いころはけっこうワルだったんだぜ、とか。

　自分の歴史を**「盛ってる」**意識はなくても、いつの間にか、ちょっとした部分がすりかわっている。

　勉強に対する細かな「理解」は特にそうなりがち。なぜなら「ぜんぜんワケが分からない」という記憶よりも、「ああ、そういうことなんだ」と**得心したときの記憶のほうが、残りやすい**から。

　繰り返しになりますが、大人になった今「これくらい当たり前でしょ」と感じていることも、**その域に達するために努力と試行錯誤が費《つい》やされたことを忘れがち**です。

英語が得意な中3生も、台所（キッチン kitchen）とか2月（February）の綴《つづ》りは**フツーに間違えます**。だから高校入試には頻出。高校の先生も、その辺はよく心得ている。

入試直前で、「関係代名詞」と「分詞の形容詞的用法」と「間接疑問文」をはっきり区別して理解できている子は、控えめに見積もっても上位10％に入っている。中1の段階で三人称単数現在のｓが分かる子は英語が相当得意な子です。

「形容詞って何？」と聞かれて即答できる子はたぶん全体の半分もいません。「日本語の形容詞と英語の形容詞はどう違う？」という質問に対しては、ほとんどの生徒が答えることはできないでしょう。

中学生の「理解の相場」はこんな感じです。

教えている先生は、多少なりとも経験を積めばこうした相場は分かっています。でも保護者がときどき自分の子どもの勉強を覗《のぞ》いてみると驚いてしまう。

「テストではそこそこ取れているようだが、上っ面《うわつら》しか理解できていない」

「こんなことも分からないのは、まずいのではないか……？」

「英語の勉強なのに、辞書を全然引かないのはおかしいのではないか。私の若いころは……」

ということになる。

今は理解できなくても、時間がたてばいつの間にか勝手に分かっている。
これを**ムキになってヒステリックに教え込もうとすると、むしろ逆効果**。苦手意識ばかりが残ってしまいます。

❇ いっしょに発見する喜びを

塾や学校の先生は子どもが「分からない」ときにイラついたりしないのか？　そんなことはありません。

何でもかんでも「分からん！」と言うタイプの子、思わずイラっと来ることもあります。人間ですから。フツーの人に比べれば、多少の耐性はあるという程度。

でも、教えるのが仕事なので「どういうところで子どもはつまずくのか」、さまざまなパターンを手の内にしたい欲求はある。だから子どもの新しいつまずきの発見は、「うれしい！」とまで言うとさすがにウソですが、へえ、なるほどね、くらいには思います。

これが血を分けた親子間だと、違った感情が芽生える。

「自分はできたのに、この子ができないのはなぜなんだ」

という苛立《いらだ》ちか、

「昔の自分を見ているようでいたたまれない」

という絶望か。どちらかは人によるでしょうが、根元にあるのは同じキモチ。

自分の子どもをどうにかして救ってやりたい。

切にそう願うからこそ、気持ちが先走って苛立ちが募《つの》る。

そんな気持ちがガマンできないなら、**我が子の勉強にはあえて手を出さない**、というのは有効な選択肢。

実際、そのようにしている賢明な保護者はよく見かけます。**宿題をやったかどうかの管理だけをして、勉強の中身は見ない**。それでうまくいく子もいる。

それでも小学3年までは、家で教えてあげないといけないことも多い。

大人からすれば「はぁ？」と思うようなところでつまずく子どもに思わずイラっとくるのは仕方のないこと。そんなときには、

「へえ、こんなところで子どもはつまずくんだな」

「他の子どもも、きっと同じところでつまずくんだろうな」

こう考えると、いくらか心も落ち着くのではないでしょうか。

「角度」、「速さ」、「三人称」、「土地制度」、などなど。子どもが新しい概念の枠をアタマにインストールする。この先、一生使い続ける**「当たり前」を作っていく**大切な過程です。

自分も子どものころにこういう苦労をしたのかな。こんなふうに、ものの考え方ができていくのか。

見ている大人は子どもの認識の広がりかたを理解する。**お互いが違う次元で新しい発見の喜びに触れる**。

口で言うほど易しくはありませんが、これが親子の「学び」の理想の形だと思います。

まとめ

- 子どもが大人の「当たり前」にたどり着くためには長い道のりがある！
- 教えても子どもが理解できないときはイライラをぶつける前に一時撤退する勇気をもつ。
- 子どもがどこでつまずくのか、どんな理解をしていくのかを観察する心のゆとりを。

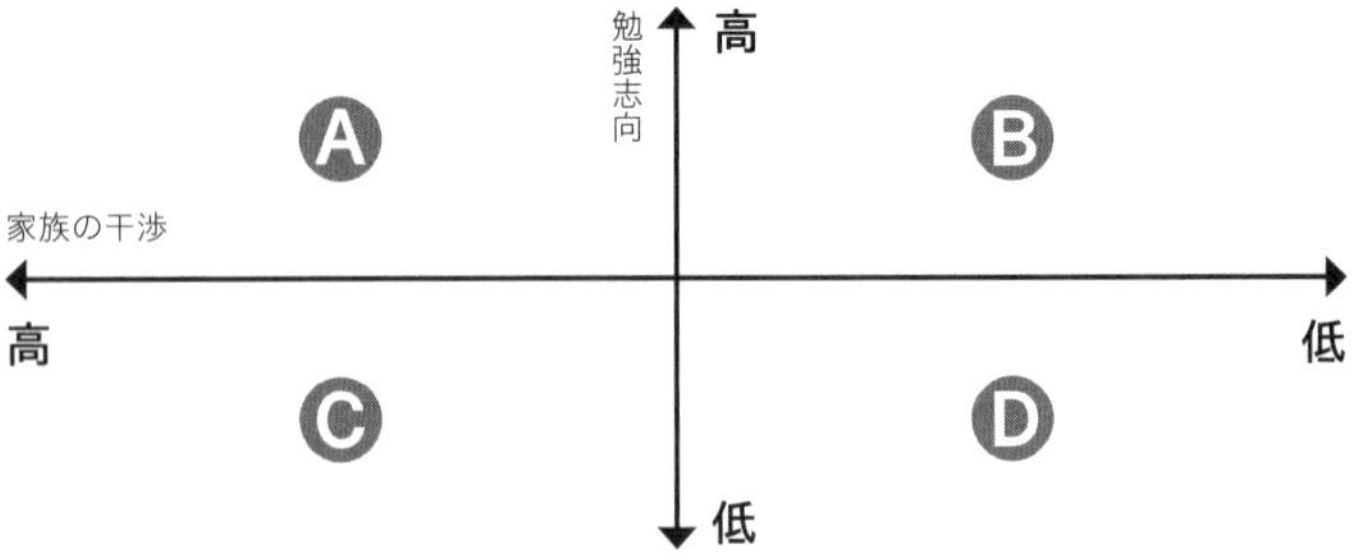

A	**◘教育熱心！　目指せ東大イケイケファミリー** 親の意識が高く、子どもにも親の価値観が伝わっている可能性が高い。 早いうちから塾や知育教室などに通う。本人のプライドも高く、模試では上位にいることが当然。本人の意識が低かったり、親の干渉が強すぎて気持ちが萎えたり、空回りしたりしだすと危険。柔軟な進路決定を。
B	**◘本人の意思優先！　幸せ円満ファミリー** 親は高学歴であることが多く、習いごと・塾なども視野に入っているが、何より本人の意思を尊重するためスロースタートになりやすい。公立中高一貫校や難関高校から有名国立大学に進学するケースも。友だちが多く、芸達者で朗らかな学級委員長タイプになる子もいる一方、学業に関しては後悔を残すケースも。
C	**◘大切なのは楽しむこと！　今を生きる仲良しファミリー** サッカー、野球、水泳といったスポーツやピアノなどの音楽に家族全員が打ち込み、その経過をみんなで喜び合っていることが多い。勉強への関心は薄く、学校で真ん中より上にいれば……くらいに思っているが、中学後半くらいから成績に悩みだすケースも。子どもの能力を信じすぎて、成績がうまくいかないことを学校のせいにすることもある。バランスのよい生活の構築が大切。
D	**◘人それぞれ！　温かファミリー** 親が教育に無関心というわけではないが、本人ががんばればいいくらいに思っている。友だちを大切にして、習いごと、塾は控えめ。小学生なら公園で遊んだり、友だちの家でゲームをする時間が長い。小学校高学年くらいから成績に悩むケースもあるが、本人が奮起し、自分の意思で学業に励むケースもある。

ねらい

家族のタイプを診断！

勉強への志向の強さと、親はじめ大人の子どもへの干渉の強さで大きく４つのタイプに分類。

それぞれの良さと課題点を示しました。

やりかた

1. 質問に答えて、あなたの家族のタイプを診断！
2. どのタイプが正しい、ということはありません。でも、A～Dの類型は、子どもの勉強への態度でよく見受けられる４つのタイプ。自分の家族を見つめなおすきっかけになるかもしれません。

質問5　カウンセリング・チェックシート

家族のタイプ　お宅はどちら？

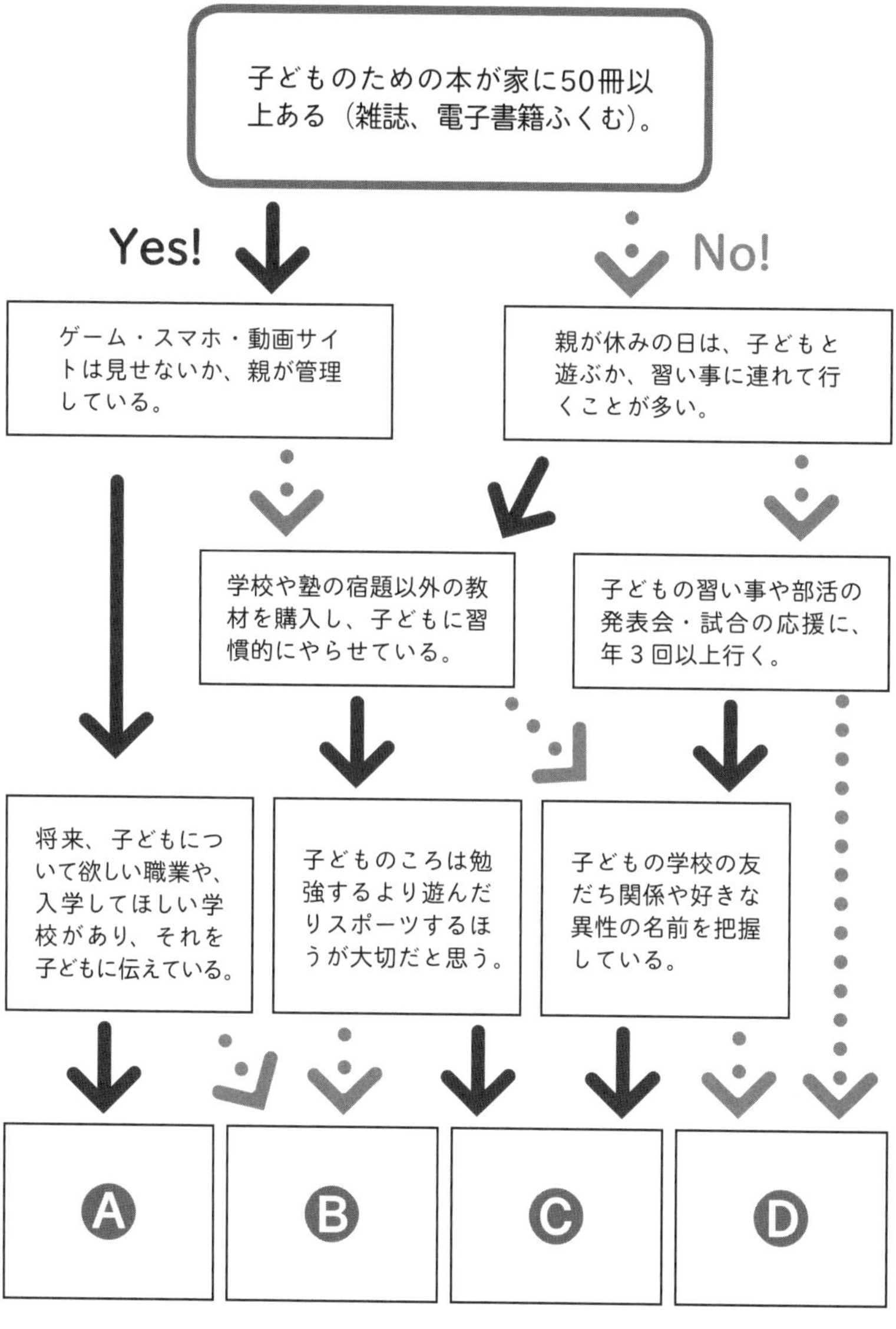
子どものための本が家に50冊以上ある（雑誌、電子書籍ふくむ）。

Yes!

No!

ゲーム・スマホ・動画サイトは見せないか、親が管理している。

親が休みの日は、子どもと遊ぶか、習い事に連れて行くことが多い。

学校や塾の宿題以外の教材を購入し、子どもに習慣的にやらせている。

子どもの習い事や部活の発表会・試合の応援に、年3回以上行く。

将来、子どもについて欲しい職業や、入学してほしい学校があり、それを子どもに伝えている。

子どものころは勉強するより遊んだりスポーツするほうが大切だと思う。

子どもの学校の友だち関係や好きな異性の名前を把握している。

A
B
C
D

質問6

友だちがゲーム持参で遊びに来ます

幼少時からなるべく娯楽系のテレビ番組を見せないようにし、ディズニーやサンリオ、仮面ライダーなどのキャラクターからも遠ざけてきました。その甲斐あって息子は知的好奇心が強く本をよく読む子どもに育ってくれました。ところが最近、学校の友だちが持ち運びのできるゲーム機を我が家へ持ってきて遊ぶようになり、息子も興味を惹《ひ》かれるようになりました。これまでの教育方針ではアニメや特撮でさえ遠ざけてきたのですから、テレビゲームなんてもってのほかです。つい最近まで存在さえ知らなかったのに、「次のクリスマスにはサンタさんにスイッチをお願いする」と言い始めています。息子が望むままに買い与えて、ゲーム中毒になってしまわないか心配です。しかし買い与えなければ、学校の友だちとの関係が悪くなるでしょうか。【父　39歳】

❇ 子どもワールドvs大人ワールド

最近の学校の先生がドストエフスキーを愛読し、ベートーベンのナンチャラ交響曲を愛好しているかというとそんなことはありません。子どもに擦《す》り寄る目的というわけでもなく、ただ好きでマンガを読み、月9ドラマの主題歌をカラオケで歌う。ゲームにも詳しい。ネタかマジかは知らないけど、《ベルばら》や《キングダム》が好きだから社会の先生になった、なんてことを生徒の前で公言する先生も珍しくない。

見聞きしているものや振る舞い、つまり日常触れる文化が大人と子どもを分かつ度合いが薄れている。

大人の文化（≒ハイカルチャー）と子どもの文化（≒サブカルチャー）を区別することが難しい。

じゃあ、大人と子どもの境目は全くなくなったのかというと、そんなことはありません。子どもや若者は、**年長者とは違う別の世界を持ちたがる**もの。ロックでもヤンキー・スケ番でもなく、そうした子ども・若者の文化の受け皿として機能しているのが**ゲームとSNS**でしょう。

かつての「若者文化」は上の世代と対立していました。「俺たちの気持ちが大人なんかにわかってたまるか」という具合に。

でも今の「若い人」は、歌にのせられたメッセージで上の世代や社会に対抗はしていない。歌そのものは歌います。でも「盗んだバイクで走り出し」たり、「わかってくれとは言わないが、そんなにオレが悪いのか」なんて叫ばない。そうする必要がないからしない。自分たちの世界を作れるツールに恵まれているからです。

現代のゲーム・スマホが問題なのは、それが単なるおもちゃではなく**「コミュニケーションツール」を兼ねているということ**。ほうっておくと完全な「子どもワールド」が形成されてしまう。

中毒性は今のほうが間違いなく強い。WTOはスマホ中毒を精神疾患と認定。フランスは学校へのスマホの持込を法律で禁止したとか。

日本では今のところ法規制はされていませんが、危険を唱える精神科医は多い。

大人がどの程度まで「子どもワールド」に介入していいのか。悩ましい問題です。

❇ 生活の柱を作る

勉強はどうしても地味な活動なので、楽しくて心地よい世界からの誘惑に弱い。ゲーム・テレビ・携帯電話（スマホ）・マンガは勉強の**敵キャラ四天王**と言える。

ゲームはけしからん！　動画サイトなんかくだらない！　マンガ読むな！　と禁止するのは簡単ですが、最初の問題は親も欲求に抗えるかどうかという点。

子どもには「動画サイト見ちゃだめ！」と言いながら、そのお母さんがスマホで友だちとSNSに夢中になっている、とか。お父さんもゲーム大好き、とか……。

友だちが遊んでいる楽しいゲームを、わが子だけ全く触れさせないということが倫理的にも正しいことなのかどうか、疑念が頭をもたげてくる。

子どものころにある程度慣れさせて耐性をつけないと、中高生や大人など、自分でそうした遊びに自力でアクセスできるようになったときに、逆に勢い込んでハマりこみすぎて人生を踏み外しはしないだろうか……なんて心配も浮かんでくる。

ゲームやスマホに必要以上にハマってしまうのは、それ以外に楽しいことがなくて、**ゲーム・スマホ中心の生活になってしまう**からです。

ゲームやテレビ、動画サイト閲覧の時間を制限するというと簡単な気はしますが、**ただガマンを強要するだけのルールは長続きしません**。

誘惑ができるまえに、**勉強することがあたりまえの生活**を作ることができるかどうか。

それが最初の分かれ道。

必要以上に恐れることはないけど、手綱《たづな》は親が握るべき。

勉強や習い事などの有意義な時間を軸とした生活のなかに娯楽を組み込むこと。けっこう難しいけど、それができるように努力する。

❇ 過保護をおそれない

日本の家庭は教育熱心すぎて受験戦争が過熱した。これにくらべて欧米はおおらかで……なんて話をよく聞く。これは本当でしょうか。

アメリカの社会学者、R・D・パットナムはここ数十年のアメリカの公教育が子どもたちの格差を拡大している現状を社会調査とインタビューで明らかにしました（『われらの子ども　米国における機会格差の拡大』柴内康文《しばないやすふみ》訳、創元社、２０１７）。

経済状況や人種によらず、平等に開かれているはずの公教育が完備されているのに、なぜ格差が広がるのか。要因はいくつかありますが、そのなかでも大きいのは**家庭ごとの教育への熱心さの違い**です。

アメリカは塾がなく、また受験戦争と呼ばれるような大衆的な高等教育への進学熱や競争もないと言われます。その結果、子どもたちは日本人よりも個人主義的な、自分の考えをしっかりもった成熟した大人になる――そんなイメージで語られることも少なくありません。

しかし事実はそうではない。塾は日本ほど産業として盛んではないけれども、競争は激しい。家庭教師を雇ったり、学校の先生にあれこれ要望をだしたりして、保護者がかなりがんばっている。パットナムは言います。

最近多く耳にするようになったものとして、「ヘリコプターペアレンツ」や「過保護《オーバーペアレンティング》」というラベルがつけられた、過度の育児がある。子どもも、はたで見ている人間のどちらもいらいらするようなこういった現象の実例が折に触れ見つかることは確かだろう。しかし過度の育児と、不適切な育児を不正確に等価のものと見なすことは誤解を招くものである。不適切な育児に結び付けられるたくさんの害悪へ近づいていくような何かが、過度の育児によって生み出されているということを示す確実な証拠はない。さらに、過度の育児に問題があったとしても、その解決策は親自身の手に握られているが、不適切な育児の問題についてそれは真実からほど遠いと言える。（同書）

「過保護な親とその子ども」というのは、スネ夫とママの関係のように「好ましくないもの」として描かれたり揶揄《やゆ》されたりしやすい。でも**「過保護がよくない」ということを示す確かなデータは存在しない**と、パットナムは言います。

子どもかわいさのあまりベッタリはりつき、お人形さんみたいに大切にするような育て方をする**「過保護」と「教育熱心」は同じではありません**。

厳しい指導をしながらも教育に労苦と出費を惜しまないタイプの保護者はいます。

教育熱心な保護者の下で育てられた子どもが、実際に小中学校で高い成績を残し、一流の大学にアクセスしやすいのは、明らかです。

平等主義的な公教育だけでは、機会の均等は成し遂げられない。むしろ格差を広げる結果になる。

日本も格差社会と呼ばれて久しい。それでもギリギリ、この国の「機会の均等」を担保しているのは受験の仕組みなのではないかと私は考えます。

「過保護」とか「教育ママ」とかいった揶揄《やゆ》の言葉を恐れる必要はない。方針が一貫していて、子どもとの意思一致さえできているのなら、勉強にエネルギーを割くのは人生設計としても間違ってはいない。

重要なことは、そこにアグレッシブな戦略と無理のない計画があるかどうかです。

まとめ

- 最近のゲームはコミュニケーションツールもかねているので、野放しで遊ばせておくのは危険。
- ただガマンさせるだけの「禁止」は長続きしにくいし、あまり意味がない。勉強を生活習慣に組み込むことが先決。
- 過保護がすべて良いわけではないが、「過保護であってはいけない」と恐れる必要はない。

ねらい

教育熱心な「プロペラペアレント」は､決して悪いことじゃない！？

愛情深く、熱心に、たくましく育てたい！　この思いは純粋！


我が家のプロペラ度を徹底チェック！

やりかた

1．「プロペラゲージ《ポジ》」､「プロペラゲージ《ネガ》」の各質問に答えて、当てはまるものにチェックをしよう！

2．チェックの数が、プロペラ度。

3．あなたのお家はプロペラ度が高い？　低い？

「こんなの、ありえない！　冗談でしょ？」と思うお父さん・お母さんもいるかもしれませんが、20の項目は､「教育熱心」なお家なら割とフツーに行っていることです。

すべての項目が好ましいとか、道義的に正しいとは思っていません。プロペラ度マックスの保護者の下で必ず素晴らしく優秀な子どもが育つとも限らない。

でも、こうした教育を日常的に行っている熱心な家庭が実際に存在し、学業の成績という点ではそれなり以上の成果を挙げていることを知っておいて欲しいと思います。

質問6 カウンセリング・チェックシート

空に舞い上がれ！ わが家のプロペラチェック

プロペラゲージ《ポジ》

- □ 親子の会話は週に14時間以上！
- □ 習いごとは１週間に５日以上！ または５つ以上！
- □ 毎日１時間以上子どもの勉強に付き合う！
- □ 自慢じゃないけど、問題集や参考書の知識は塾や学校の先生に負けない！
- □ 教育本や子育て系雑誌を年に６冊以上買う（電子書籍含む）！
- □ 学校以外の教育関係費に子ども１人当たり年70万円以上つぎ込んでいる！
- □ ここ半年のわが子の学校・塾のテストの成績をほぼ覚えている！
- □ 塾や学校の先生と懇談して２時間以上話しこんだことがある！
- □ ママ友・パパ友との話題はもっぱら勉強の相談・学校や塾の先生評・入試情報！
- □ 子どもが知的な商品（天体望遠鏡、知育玩具、図鑑など）を欲しがったら、多少高価でも即座に買い与える！

プロペラゲージ《ネガ》

- □ お説教は週に３時間以上！
- □ ゲームは絶対禁止！
- □ テレビも教育系以外は原則禁止！（もしくは家にテレビがない！）
- □ 動画サイトは見せない！
- □（中学生）スマホを持たせない！（小学生）触らせない！
- □「よくないトモダチ」とは付き合わせない！
- □ テストで悪い点を取ってきた日には何らかのペナルティを課す！（外出禁止、３時間勉強、全問やりなおし、お説教など）
- □ テストで悪い点を取ると自分のことのように悔しくて2、３日機嫌が悪い！
- □ 友だちが遊びに来たけど「今から勉強するので」と言って断ったことがある！
- □ 子どもがダレているときには怒鳴り散らしてでも机に向かわせる！ どうしても言うこと聞かないなら多少の体罰もアリ！

質問 7

学校の宿題が地味に多いんですけど……

小学4年女子の母です。この春から中学受験のため塾に通わせ始めました。週3回の通塾ですが、毎回難しい宿題が数ページ出ます。それをこなすのに精一杯なのに、学年が変わると学校の宿題も多く、すべてをやり終えるのは難しいです。習い事のバレエとピアノと習字と英会話と水泳のうち、どれかを削ろうかとも考えたのですが、本人はどれをやめるのもいやと言って聞きません。睡眠時間を削ってでも、学校と塾の宿題をすべてやらせるべきでしょうか。【母 38歳】

✻ デキるヤツほどいそがしい

質問は極端なケースに思えるかもしれませんが、都市部では珍しくありません。

小学校で出される宿題の量は学校ごとというより担任の先生のあいだで差があるようで

す。けっこうな量を出す先生もいれば、あんまり出さない先生もいる。

進学熱の高い地域だと、質問者のようなお母さんがグループで要望を出し、**塾や習い事の妨げにならないよう宿題は最小限にする**ことになった学校もあるようです。下校時間までちょっと早くなっている学校もあります。

公立の学校、特に小学校低学年の授業は、授業に参加している児童の全員が「分かる」ことを目標にしています。

先生たちの努力はパフォーマンスとして子どもたちを惹《ひ》きつける「上手な授業」「分かりやすい解説」、子どもたちが「主体的」に授業に参加して理解したと思える空間作りに注がれている。

そのこと自体はとても素晴らしいことだと思いますし、偉そうに高みから評価するようですが、成果をあげているといっていい。

ただ、**それだけで勉強はできるようにならない**。

授業でインプットされた知識や解法を、足し算なら計算ドリル、漢字の読み書きなら漢字テストなど、問題をたくさん解いて自分のものにすることが必要。

こうしたアウトプットがないと、せっかくたどり着いた理解もおぼろげな記憶にとどまり、やがて泡のように消える。

だから宿題が出る。しっかりした量の宿題をこなさないと定着しないのは自明です。ちゃんと勉強したことがある人なら、誰でも知っている事実。

一定の宿題を出す先生が信頼に足る先生だと思います。

でも質問者のように週3回以上の進学塾に、さらに複数のヘビーな習い事（家での練習が必要な楽器やスポーツなど）を重ねている子は、毎日の生活がそれだけで忙しい。

保護者からすれば、子どもの将来に直接かかわる中学受験のための勉強を優先したい。やっている内容も、塾のほうが高度だし、つるかめ算とか旅人算とかをやっておけば学校の算数はそこまで熱心にやらんでも……と思ってしまうのも人情。

「小学生のうちは自由に遊ばせたほうがいい」

そういった意見をよく耳にします。これも一つの真実でしょう。

家の前の道路や空き地、公園で友だちと鬼ごっこやかくれんぼ、缶蹴りといった、昔ながらの遊びに夢中になれる環境なら、放課後の子どもを「自由に遊ばせる」のは間違いじゃない。

住んでいる町によっては今でも可能だと思います。でも、それができない環境に生きている子どもも少なくない。

今でも小学3、4年の子が公園に集まっているのを見かけることはある。でも彼らが興じているのは、大抵は携帯ゲームです。すべり台の上で何人かが集まって、ごそごそやっている。家で集まってやっていても、その家のお母さんに「外で遊びなさい」と追い出されるのでしょう。

「元気に力いっぱい駆け回る子ども」

「野原に寝そべって、果てしない空を眺めてすごす子ども」

美しいノスタルジックな子ども観ですが、現実の彼らを取り巻く環境は、残念ながらそこからかけ離れている。

せっかく友だちと集まってもゲームしかしないのなら、習い事でもさせておいたほうがいいんじゃない？　というのは教育熱心な家庭の行き着く自然な思考でしょう。

よくできる子ほど、忙《いそが》しい。

忙しすぎて、ぼんやりする時間がないとか、子どもは本来のびのびするべき、とか。そういう考えもよくわかります。

大切だけど、そんなに長い必要はない。たまにでいい。

習い事は、幼稚園・保育園の年少前後、早い子ならもっと小さいころから一つ、二つと習い始め、小学校に上がるころにはすでに五指に余る教室に通っていることも。英会話、ピアノ、水泳など。

そこに小学校に入ってから公文《くもん》をはじめとする学習教室、七田《しちだ》やパズル系の知育教室、習字やそろばんが加わり、サッカー、野球の部活動やクラブチーム、さらに朝活動の陸上やらなんやらが入ってくると、小学3年に上がるころにはいっぱしの**多忙小学生のできあがり**。

幼いうちからいろいろな経験ができるというのは、それ自体とても幸福なこと。

とはいえ、ITベンチャーの社長や売れっ子芸能人みたいな分単位のスケジュールに追われる子どもが幸福とは思えない。

結局は匙加減《さじかげん》ということになります。

❇「どうでもいい」は自己防衛

「勉強なんかどうでもいいし！」「次のテスト、死んだわ〜」

なんてヘラヘラ笑いながら家でゴロゴロ。ゲームにテレビにスマホ三昧《ざんまい》。

「うちの子、なんてヤル気がないの！」

ムキーっとなって、大ゲンカ。

「どうでもいい」というのは、**プライドを守るための最後の砦《とりで》**です。

自分の力ではどうしようもない。周囲からのプレッシャーに耐えられない。

それで、全部投げ出す。それが「どうでもいい」という状況。自暴自棄。大人だったら、酒を飲んで暴れてる。

つまり、追い込まれているということ。

オトナに「おまえは勉強ができない」と言われることは、「頭が悪い（能力が低い）」と言われるのと同じ。**全否定に等しい**。

子どもは落ち込むよりも、おどけることを選ぶ。それ以外に方法がないから。

「勉強、ヤル気ないし！　どうでもいいし！」は最後の自己防衛。

そこまで追い詰めてはいけない。

❇「切り捨て」は最後の手段

ドロップアウトは癖になるから一回までにしておけと、昔誰かに言われました。

プレッシャーに負けて学校をやめる。職場内の人間関係に嫌気がさして仕事をやめる。進級に行き詰ったので習い事をやめる。

で、新しいことを始めてみる。古いしがらみを捨てて新しい環境に身を置くことの爽快感。

人生をリセットした感じ。独特の心地よさは、確かにある。

生きるために逃げることを否定はしない。でも逃げることを習慣化するのは避けるべき。

環境を捨てるのは「最後のカード」として取っておくべきというのが私の考えです。

「やりたいこと」じゃないなら仕事を辞めるのも一手ですが、転職を繰り返す人はほんとうにステップアップしているのでしょうか？　転職のたびに雇用条件が厳しくなっていくのではないでしょうか。

「ドロップアウト癖」は、もしかしたら子ども時代の習い事から始まるかもしれない。

大切なのは、**始める前によく考えること**。

保護者の立場であれば、**時間・予算・目標**、この3つを最初の時点ではっきりさせることが大切です。

親からすれば「ちょっとやらせていたこと」に過ぎなくても、子どもにとっては大きな人生の分岐《ぶんき》です。

たまに散歩の途中で通りかかった塾にふらっと立ち寄り、即座に入会する親子連れがいます。

そういう子はたいていすぐにやめる。**まったくのお金と時間の無駄**ですし、おそらく見かけ以上の損害をほかならぬ本人が被《こうむ》っています。

もちろん、ちゃんとした考えがあるなら、やめるときにはスパっとやめる判断も大切です。

でも「やめる」は習慣にしてはいけない。

そのためには**思いつきで「はじめない」**ことです。

まとめ

- 習いごとでいそがしい子は珍しくない。悪いことではないが、ほどほどに。
- 「勉強なんてどうでもいい！」と子どもが言い出したら追い込まれている証拠。
- 「やめる」を習慣にしないために、「はじめる」ときによく考える。

ねらい

成年までを3年ごとに区切り、学校の部活を含む習いごとの計画をざっくり立ててみる。

先のことは分かりませんが、とりあえずビジョンを持っておくことは大切。

塾通いもおよそいつからいつまで通うつもりなのか、大まかな計画を立てておきましょう。

やりかた

1. 空欄にそれぞれの年齢でやっておきたい習い事・部活・塾など学校授業外の活動を書き込んでいきましょう。

2. えっ、書き込む空欄が足りない？　そんな人は欄の外にどんどん書き足してください！

3. 先のことなんか分かりませんが、今、どんな見通しを持って習いごとに通わせているのか（通わせないのか）を意識することは大切。

memo

質問 7　カウンセリング・チェックシート

習いごとスパイラル計画表

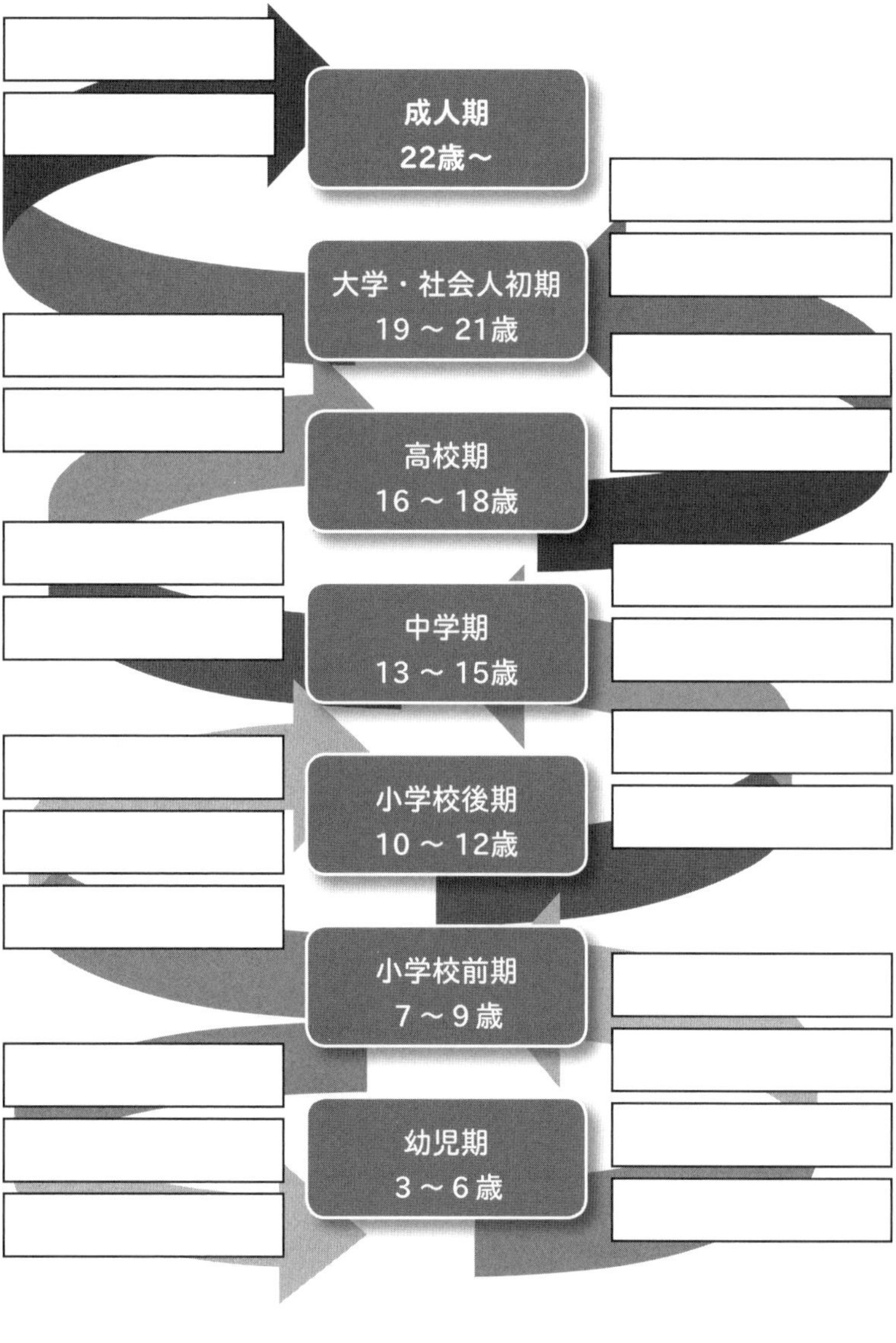

質問 8

マイペースが一番なの！

狭い日本、そんなに急いでどこへ行く……ニッポンを休もうって、だれの言葉だったかしら。

受験戦争や教育ママゴンは、もうたくさん。ゆっくりマイペースが一番。勉強なんて、二の次三の次がベストなの。子どもはのびのび、野原で駆け回って大きくなるもの。自由にいきましょ！

健康に笑っていられたら、それが一番！ これがおばあちゃんの知恵。【祖母 82歳】

❋ クイック・ファースト・アーリー

「マイペースが一番」とよく言われる。何かの進度が人より遅れてしまいそうなとき、**お題目**のように唱えて現状を肯定する。

世の中のすべてが勝ち負けではない。でも人生で勝ち負けは重要。**負けっぱなしの人生**を送りたい人なんかいない。で、ほとんどあらゆる「勝負ごと」において、スピードは決定的な意味を持つ。

「合格」と「不合格」、**白黒はっきりした歴然たる勝負ごと**である受験にしても、同じことが言える。

ところで日本語の「はやい」という言葉、けっこう曖昧《あいまい》です。漢字で書けば「早い（時間が早い）」と「速い（スピードがある）」で区別できます。

でも、対義語《たいぎご》はどちらも「遅い」。英語には全く違う単語の「はやい」はたくさんあります。

○ early **早い／早く　対義語**：late **（時間がおそい）**

時間が早い。My mother gets up early.

私の母は早く起きる、など。

○ fast **速度が速い／速く　対義語**：slow ／ slowly **（ゆっくりな・ゆっくり）**

速度が速い。My friend runs very fast.

継続して物事が速く進む様子を表します。走るのが速いとか、泳ぐのが速いとか。

○ quick **瞬間的な速さ　対義語**：slow

対義語が fast と同じ slow であることからも分かるように、速度をあらわす言葉である点ではfastと同じですが、「仕事がはやい（すぐに結果を出す）」といったニュアンスを含んでいます。瞬間的な速さや素早さをあらわす言葉です。

ほかにもspeedy（**スピードが速い**。fast**に近い**）、rapid（**物事の移り変わりが速い**）などがあります。

「マイペース」というのは、周囲に合わせて急ぐことはせず、**自分にあった「はやさ」で行動する**ということ。友だちや同級生の歩調に合わせて見かけの「はやさ」を追求するよりも、自分にとって最適なペース配分に徹することを意味します。

ここでいう「はやさ」は、どの「はやさ」なのでしょうか。

始める時期が「早い」ことを意味するアーリーearlyなのか、勉強を進める速さをあらわすファーストfastなのか、それとも素早く勉強をこなしていくクイックquickなのか。

これをごちゃまぜにすると、**「マイペース」はただの「スローペース」になり失敗します。**

❇「勉強量」≒「保険料」

大学でも高校でも中学でもいいのですが、ある志望校Aがあったとして、そこに合格するための「学力（試験科目の得点力）」はおよそ決まっている。

一定の難しさのテストが4科目、あるいは5科目。対策問題を解くとか、出題傾向に合わせた特別カリキュラムで勉強をするなど、やりかたはいろいろありますが、ここでは単純にこれを数値化して考えてみましょう。

A高校は、難度50の入試問題が英数国理社の5科目なので、必要学力は5×50で250。難関のB高校は入試問題が難しく、難度は70。同じく5科目で、合格に必要な学力は350。

入試に合格するためにはそれぞれの志望校に合格するために必要な「学力（試験の得点力）」を積み上げる必要があります。その年その年の状況で試験問題が難しかったり簡単だったり、あるいは倍率が高くなったり低くなったりして、難度は上下します。試験当日の体調や気分によって、本人の得点力にも幅が出る。

それでも、試験までにやるべきこと、積み上げる学力はそんなに変わらない。

受験勉強は一定の「学力」の積み上げです。大人なら分かるでしょうが、これは保険料の積み立てと原理は同じです。

早く始めれば、月あたりの支払額は少なくて済むけど、その分長い期間払い続けることになる。遅く始めると、支払額は大きくなる。保障額を大きくしたければ、月々の支払を多くする必要がある。

入試のための勉強を「早く（early）」始めれば、一日あたりの勉強量は少なくてすむ、つまり進度を「速く（fast）」する必要はない。ペースは「ゆっくり（slow）」でよい。対策を始める時期が「遅（late）」ければ、合格に必要な得点力をつけるために一日あたりの勉強量を多くして、ペースを「速く（fast）」しなければならない。

アーリー early は勉強を始める時期の早さを表す「早い」、ファースト fast はカリキュラム進度の「速さ」、つまり一日あたりの勉強量を表します。

早く始めればゆっくりでよい。遅く始めるなら速くしなければいけない。

「マイペース」を大切にすることを否定はしません。私自身、かなりマイペース型の人間ですから。だからこそ、**マイペースは決して「いつでもゆっくり」のほほんと過ごすことを意味しない**ことを理解してほしい。

始める時期と一日あたりの勉強量をよく考えた上で、ほんとうにその人に合った「ペース」を考え、計画し、そして実行すること。それが「マイペース」です。

「いやいや、そんなことはない」と言う人がいるかもしれません。

同じ町内のTくんは、中3の途中から塾に通って勉強を始め、クラブチームのサッカーも11月まで続けて無理なく対策したのに、難関のS高校に見事合格した。マイペースでちゃんとやれば合格できるんだ――。こんな事例は、探せばいくらでもあります。

そういう子は、「quick（素早い）」、つまりものわかりが速く、要領がいい。

普段からの生活習慣や小学生時代からの学習の積み重ねで、基礎能力が高いということです。個々の学校の入試に必要な学力は左の式で表すことができる。

（学力）＝（勉強に使った総期間）×（一日あたりの勉強量）×（要領のよさ）

（総期間）を長くするためには「早くearly」始める必要があり、（勉強量）を増やせばカリキュラム進度は「速くfast」なり、要領の良い子は「素早くquickly」問題を理解することができる。

❇ 時間への自由

こんなこと書くと、私がなんでもかんでも「早く」始めて「速く」やらせることを至上の目的に据えた「教育スピード狂」に思えるかもしれません。

でも、そうではないつもりです。

むしろ、普段は自分自身、なるべく「ゆっくり」行動しようとしているし、受け持ちの生徒も、自分の子どもも、それほど急かすことはありません。

もうひとつ付け加えておくと、私は度を越した「早期教育」を推奨しません。

ものごとの理解には、それぞれ相応な時期というものがある。

現在の学習指導要領は万能ではないにしても、積み重ねられたノウハウにもとづいてできる限り的確な時期に的確な内容を学ぶように作られている。

「うちの子、こんなことがこんなに早くできるようになった。スゴイ！」鼻高々。「親のエゴ」のすべてを否定はしませんが、あまりにも場当たり的な、これで「はやさ」に囚われた言動といえる。「マイペース」に拘泥《こうでい》する人の、逆パターン。「周囲のペース」から自由でありたいと思うあまりの、いわば「ぶっちぎり願望」。

群れと歩調を合わせる必要はありませんが、大勢の人が動くタイミングというものには、それなりに合理的な理由があることが多い。

近所の子どもとか、甥《おい》や姪《めい》とか、孫とか。微笑みつつ見守っていればそれでいい子どもに対しては、人は寛容になれる。

「勉強なんかできなくたって大丈夫。マイペースでいいよ」

こうした言葉は甘く心地よいけれども、**責任はない**。

子どもの将来への責任を直接に負う保護者や先生は、そんな悠長《ゆうちょう》なことを言っていられない。考え方やものの見方が変わるのは当たり前です。

やたらと早い教育でぶっちぎり戦略をたてる。

「マイペース」をお題目に、時間のプレッシャーから逃げる。

人それぞれ傾向がありますが、どちら時間から解放されたいためにうっかり落ちてしまいがちな**落とし穴**です。

現在から問題を先延ばしにしない。未来へ逃げない。過去に逃げない。

その上で、自分たちに残された時間を積極的に利用して、可能なかぎり最大の成果を残せるようにする。休む時間、ぼんやりする時間もとる。

これがちゃんとできる人は自然に正しい「マイペース」になる。

まとめ

- 「はやい」の意味をごっちゃにしたマイペースはただのスローペース。
- 合格に必要な勉強量は決まっている。早く始めればゆっくりでいいし、速く進めるなら遅く始めてもよい。
- 周囲のペースに合わせる必要はないが、自分でペースを決めるのなら先を見通す計画が必要。それが本当のマイペース。

ねらい

有名な「マズロー欲求五段階説」をヒントに、今の欲求を５段階に分けてみよう。

やりかた

今、やりたいことを５段階に分けてみよう！

下から順に、考えていこう。


これが食べたい！……**《生理的欲求》**

食べたいものをあるだけ書く！

例）すし、ラーメン、カレー、ケーキ

これがほしい！……**《安全欲求》**

おもちゃ、文房具、本、望遠鏡や時計、宝石など、欲しいもの、買ったり作ったりできるもので、欲しいと思っているものを書こう！

例 天体望遠鏡、ゲーム機、ぬいぐるみ、スマホ

ここに行きたい！　こんなことしたい！……**《社会的欲求》**

家族や友だちといっしょに行きたいところや、遊びたいことを書こう！

例 家族で遊園地に行く！　クラスの友だちとたこやきパーティする！


これをやってみたい！……**《承認欲求》**

学校で、部活で、または大人になってから、ぜひやってみたいと思うことを書こう！

例 野球で甲子園に出場したい！　大企業の部長になりたい！　弁護士になりたい！


これをなしとげたい！……**《自己実現欲求》**

自分にしかできないこと。自分として生まれてきて、死ぬまでになしとげたいこと。

もう見つかった？　あるなら書いてみよう！

まだ見つからないなら、空けておいていいよ。いつか見つかればいいね！

例 科学史に残る大発見をする！　芸術作品を生み出す！　世界的な大富豪になる！

質問 8　カウンセリング・チェックシート

マズロー先生ごめんなさい！

キミだけの欲求5ステップ！

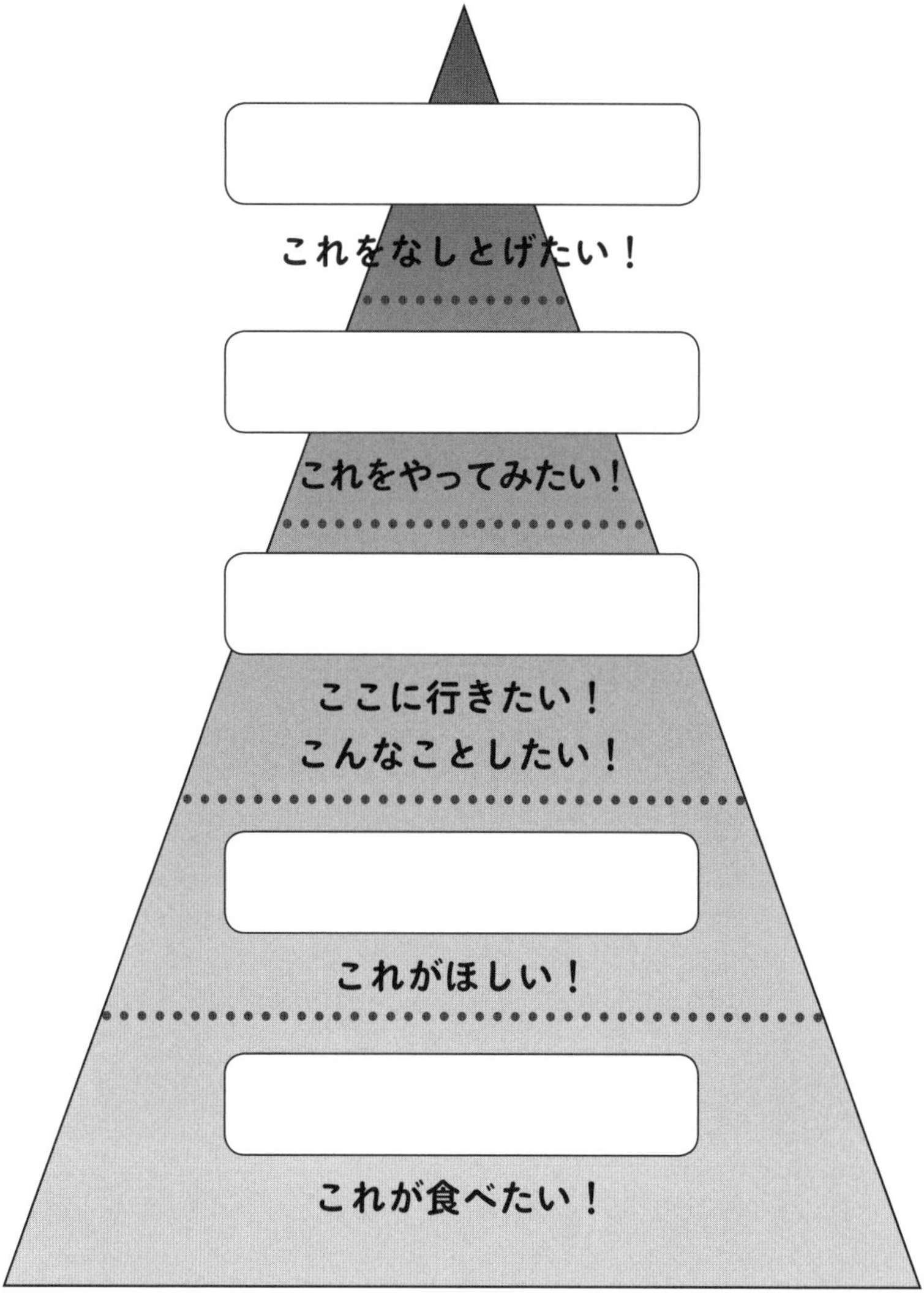

これをなしとげたい！
これをやってみたい！
ここに行きたい！
こんなことしたい！
これがほしい！
これが食べたい！

家族はプロデューサー

「マズローの欲求5段階説」というのをご存知でしょうか。

アメリカの心理学者、A・マズローの学説。私は大学の講義で初めて知りましたが、社会に出てからも社員研修や自己啓発系のサイトなどで、**「もうええっちゅうねん」**というほど目にしました。中学校の保健の時間に習うこともあるようです。

いわく、人の欲求には大きく分けて5つの段階がある。

衣食住など生きるために必要なものを手に入れて確保するための**「生理的欲求（1）」**、身の安全を守りたいという**「安全欲求（2）」**、人間関係のなかで一定の位置を与えられたいという**「社会的欲求（3）」**、みんなに尊敬されたり、存在を認めてもらいたいという**「承認欲求（4）」**、そして自分自身の精神とか魂とかを表現したいという**「自己実現欲求（5）」**。

（1）が段階としては一番下で、**（5）**が一番上。下の欲求が満たされてはじめて、一段階上の欲求を感じるようになるそうです（**左頁図**）。

「衣食足りて礼節を知る」という故事成語は、まさにこの欲求の階梯《かいてい》を端的に説明しています。

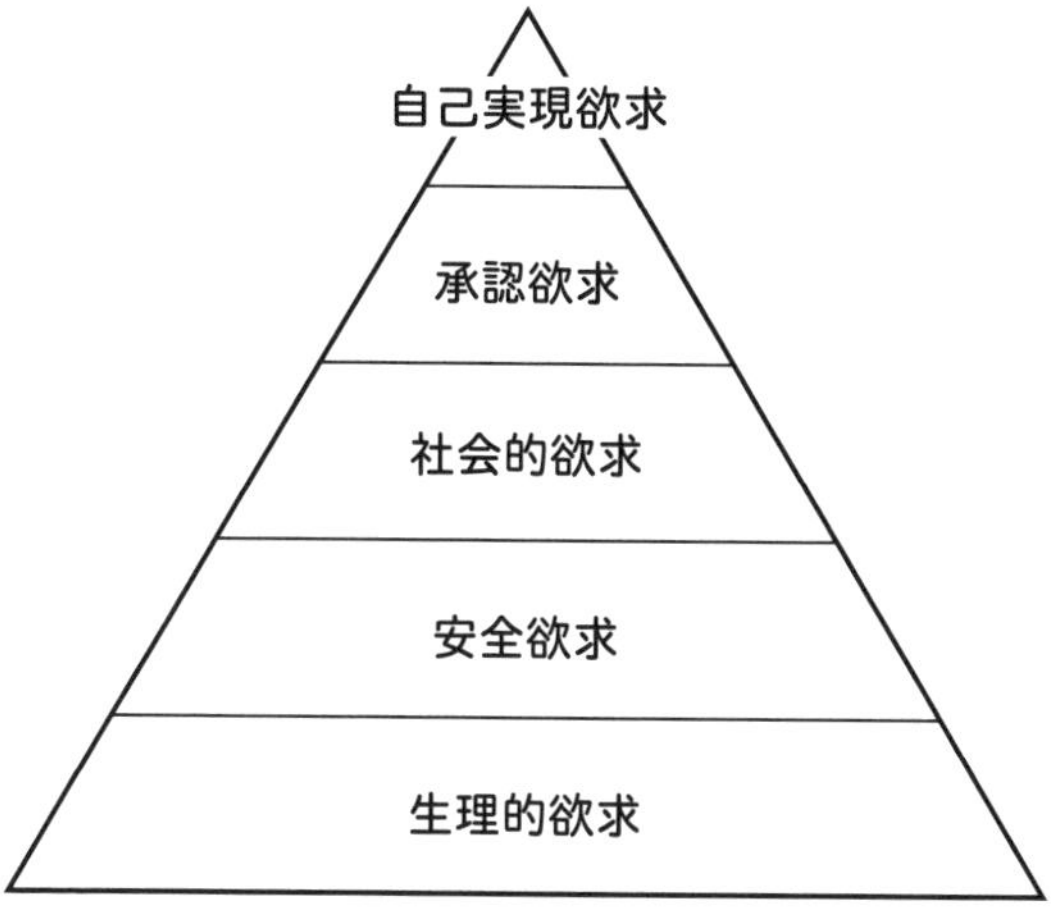

図　もう見飽きた？　マズローの欲求５段階説

自己啓発系のテキストでは、この説は「自己実現」を成し遂げるためにはどうすればいいのか、という論点で引用されます。

歴史に名を残すような「自己実現」を成し遂げた芸術家や偉人は、しばしば病身であったり身体にハンディキャップを抱えていたり、民族的なアイデンティティに悩みを感じていたりします。

だから必ずしも「自己実現」のために「社会的欲求」や「安全欲求」が１００パーセント満たされている必要はないということでしょう。

むしろ下位の欲求を充足するために困難を感じた経験が、それを乗り越えたときに上位の欲求を満たすためのバネになりうる、ということかもしれません。

この説を引用したのは、「自己実現」の話をしたいからではありません。

会社に貢献して部長になりたいとか、弁護士になりたいといった職業的な希望や、勉強して東大に入りたいといった学歴取得の「欲求」は、どちらかといえば**（4）**の「承認欲求」に属するものでしょう。

「欲求のレベルが一番上じゃないからたいしたことじゃない」と言っているのではありません。その逆で、私はこの欲求段階説で言われる4つめの「承認欲求」こそが、**現代社会を幸福に生きるために何より大切な欲求レベル**だと思います。

SNSには1円の得にもならない「イイネ！」欲しさに涙ぐましい努力を継続するユーザーがあふれています。これは紛《まぎ》れもなく、純然たる「承認欲求」です。

会社で出世に汲々《きゅうきゅう》とする人たちも、生活費をかせぐこと以上に、自分の仕事を認められ周囲の社員から尊敬を集めるために必死で働き、自己アピールを繰り返している。

「俗物根性」と高みから蔑《さげす》むことは簡単です。でも**他者に認められたい欲求は社会生活を営む人間にとって本能といっていいほど切実なもの**。これを自覚的に放棄した人は「世捨て人」でしょう。

子どもも負けてはいない。親や友だちや先生から「承認」を得るために必死です。勉強の動機付けも、始めのうちは保護者の承認を得るため。

「こんなにできたよ！」「難しい問題でも、カンタンに解けるよ！」「ぼく、すごくがんばったよ！」子どもは無邪気に「承認」と「尊敬」を求めてくる。

「よくできたね」「すごいね」「がんばったね！」

「承認欲求」を満たすような「承認」「尊敬」の言葉を与えるのが、「褒《ほ》める」というアクションです。

「褒めて伸ばす」よく聞くフレーズですね。

若い社会人が先輩や上司に「私、褒められて伸びるタイプなんです！」と自己申告するのも珍しいことではなくなりました。

「褒める」ことは悪いことではない。でもそれは子どものやることをなんでもかんでも**「褒めまくる」ことではないし、また「叱らない」ことでもない**。

「褒める」ことは子どもの行為を「承認」してあげること。

「承認欲求」が満たされることで、子どもは自分のしたことが正しいことだと認識し、次もまたやろうと考える。

でも大人から見て「望ましくない行為」をしたときには、**正しく「叱る」ことも必要**。

「叱る」ことは、「承認」を与えないこと。あるいは「尊敬」しないこと。今まで付与していた「承認」あるいは「尊敬」を剥奪《はくだつ》すること。

叱られる（承認／尊敬されない）可能性があるからこそ、子どもは褒められる（承認／尊敬される）ために行動をする。

スポーツの試合に「負け」があるから「勝ち」があるのと同じです。どちらか一方だけということはありえない。褒められることしかない子どもは、**「承認・尊敬」のインフレ**を起こすでしょう。ちょっと褒められたくらいでは何とも思わなくなる。

「褒めて伸ばしたがっている」大人の意図を見抜いて、表面だけ適当に取り繕《つくろ》うことを覚えるかもしれない。

べつに「叱る」と「褒める」を半分半分にするべきとは思っていません。叱ることを奨励しているわけでもない。実際に「叱る」必要を感じないような「良い子」もたくさんいます。でも、**無意味に褒めまくる指導は避けたほうがよい**と思っています。

褒める対象はあくまで「行為」。たとえばテストで100点をとったとして、その結果を単に褒めるのではなく、100点をとるに至った行為を褒める（承認・尊敬する）べきです。

ミスがないように注意したことや、事前によく勉強したことなど。

一方、「叱る」のも、あくまで行為を叱る。テストで0点取ったなら、その点数が悪いということではなく、前の日までテストがあることを忘れていたこととか、宿題をやっていなかったこととか、ノートをとらなかったことなど。

「叱る」とはあくまで「承認・尊敬」を与えない、あるいは一時的に剥奪すること。より下位の欲求、つまり**「生理的欲求」や「安全の欲求」、「社会的欲求」を脅《おびや》かすような叱りかたは「体罰」、「虐待」であり「パワハラ」です。**たとえば殴るとか食事を長期にわたって与えないとか、家から追い出すとか。

こっちも、普段からあまりにも叱られすぎてしまうと、「承認されないこと」に慣れてしまって効き目がなくなる。その子は「承認欲求」を放棄して、その前段階の**「社会的欲求」の段階で満足する人間**になってしまう。グレるって、そういうことでしょう。

子どもにとっても大人にとっても周囲の「承認」はとても貴重なものですし、通貨のようにその価値が上がったり下がったりします。

SNSで「イイネ!」に執着してしまうのも、自称「褒められて伸びるタイプ」の残念な社会人になるのも、承認価値がその人の中で何らかの崩壊をきたしてしまった結果でしょう。「人はパンのみにて生くるにあらず」とは聖書の言葉ですが、このことを正しく言い当てています。

子どものころの「承認」を与える権限は、保護者がそのほとんどを握っている。成長するにしたがって、友だちに尊敬されたいとか、先生に認められたいとか、会社や社会をあっと言わせたいと思うようになる。

さらに長じれば、自分の会社内での職位や金銭的な稼ぎの大きさを「会社／社会からの承認・尊敬」と読み替えて、勤労意欲を保つことにもなるでしょう。

「勉強」に向かう日ごろのモチベーションを左右するのは、何よりこの「承認システム」が本人の中で過不足なく機能しているかどうかにかかっています。

勉強するのは、あくまで本人。プレイヤーです。

家族は「承認」という貨幣を適切なタイミングで与えたり、（あくまで一時的に）取り上げたりしながら、子どもの意欲の維持に努める。**プロデューサーのような役割**を果たします。

まとめ

- 「褒める」ことは承認欲求を満たしてあげること。
- 「叱る」ことは承認を剝奪《はくだつ》する行為。「褒める指導」は「叱らない指導」ではない。
- 子どもに「承認」を与えるのは親。承認価値が破綻しないよう、適切な場面で褒めたり叱ったりする。

第3章

夢と理想と妄想と

道を定める

質問 9

将来のことなんか、わかりません

世の中は変化を続けている。２０４５年のシンギュラリティはもう目の前である。ＡＩが人間の知能を上回ったとき、人類には何が起きるのか。

子どもたちが大人になるころには今ある職業のうち、半数以上が消滅していると言われる。否、ベーシックインカムが導入されれば仕事を持つことさえ当たり前のことではなくなっているかもしれない。

今の大人の価値観が、子どもの世代で通用するとは思えない。激動の21世紀に生きる我々が次の世代に何が残せるのか、教育の意義が改めて問い直されているといえる。

我々の古い価値観を子どもに押し付けても、何の意味もない。

旧時代の勉強を強制したところで、30年後にそれが役に立つと、誰が保証するというのだろう。

社会は未来を生きる若者のためにあるべきである。我々の価値観が役に立たないとしたら、子どもの選択は、子ども自身にさせるべきではないか。【祖父　64歳】

＊世の中はずっと変わり続けている

え〜、はいはい。**シンギュラリティですか**。うんうん。

「ＡＩが世界を変える！」という言説が巷間《こうかん》を飛び交っています。

最近はいくらか落ち着いたようですが、ちゃんとした学者さんもこの「シンギュラリティ」（ＡＩの性能が人間の知能を超えること。米国の発明家レイ・カーツワイルは、それを２０４５年前後と予想している）をわりとマジメに論じていたりします。

私も子どものころはロボットアニメをよく見たし、アシモフやブラッドベリなど、ハヤカワ系のＳＦ小説もけっこう読んだので、この手の話にはゾクゾクするタチなんですが。

食糧問題で世界中が飢餓に陥る。石油埋蔵量が底をつき、世界的なエネルギー危機に襲われる。第3次世界大戦が勃発、地球が核の炎に包まれる。２０００年問題。

世界が近い将来ガラっと変わる。あるいは、崩壊する。そんな不吉な予感。

20世紀生まれのオトナ世代なら「ノストラダムスの大予言」をよく覚えているでしょう。

ちょっと昔の近未来アニメは、だいたい１９９０年代に1回世界が滅亡するところから物語が始まっていましたね。

「シンギュラリティ」って、こういう不吉な予言の変種みたいなもんじゃないかと思っています。

もしほんとうにＡＩが人類を超えたらどうなるのか？　誰にも分かりません。だって、人間の知能を超えるんだから、**人間の知能を超えたことが起こる**でしょう。想像もつかないんだから、**何も考えなくても結果は同じ**なんじゃないでしょうか。

歴史上、価値観がガラリと変化するような出来事や時代の節目は存在した。ヨーロッパならゲルマン民族の大移動とか、ローマ帝国の滅亡とか、活版印刷の発明なんかがそれにあたるかもしれない。

中国は王朝が変わるたびに支配民族が交代しました。日本なら豊臣秀吉や徳川家康の時代、明治維新、太平洋戦争の敗戦、高度経済成長などなど。

明治の知識人は漢籍の素読で培《つちか》った教養をもとに外国語を学び、外来の学問を修めて欧米の文化を日本に根付かせようと努力しました。世の中が変わっても、旧世代の教育や価値観が「全く」無用のものになるなんてことがあったでしょうか。

そんなことはありませんね。

❇「近ごろの若いモンは」の裏返し

「老害」という言葉がある。

古い価値観をやたらと押し付け、若い世代の立場を貶《おとし》めようとしたり、「オレも昔は……」なんて問わず語りで自分を大きく見せようとしたりする、シニア世代に多い一連の態度のことを言うようです。

私も生徒や大学生講師に接するとき、言葉や顔には出さなくても密《ひそ》かに「この老害が！」と思われてるんじゃないかと、**内心戦々恐々とする毎日**です。

一方で「最近の若い人はなってないな～」という感覚も、分からなくはない。学力が低いし、気が回らないし、仕事は中途半端で投げ出すし。若い人と接することの多いシニア世代が、同じ感覚を抱くのでしょう。

それで**「ゆとり世代」**だの**「新人類」**だのという言葉が流行することになる。

もうちょっとアタマのいい人は、そんなことがこれまでも連綿と続けられてきたことに自覚的。

その結果たどり着くのが、**「世界（時代）が変化しているから、若者の考え方も変化して当然」**という、妙に悟りきった諦《あきら》めの境地。

「世の中は変わり続けている」は、「近頃の若い者は」とコインの裏表です。

若者が言うなら話は分かりますが、ＳＮＳなんか見てると、40以上のけっこうなシニア世代が口にしている。

いわく、近頃の若者と気持ちが通じないのは、大きな時代の流れ、歴史的な転換点のハザマに私たちが立っているせいなんじゃないか。たとえば情報化とか、グローバル化とか、道徳の頽廃《たいはい》とか、ゆとり教育とか、ＡＩの発達とか、少子高齢化とか、地球温暖化とか、ポスト工業社会とか。そういう大きなキーワードでくくれる何かのせい。つまり、われわれは激動の時代に立ち会っているのである云々。

でも、それってもう、**ここ２００年くらい続いている話なのでは？**

30年区切りで考えてみる。１８５０年はペリーの来航３年前でもちろん江戸時代。１８８０年は明治時代で国会開設前夜です。日清・日露戦争を経た１９１０年は韓国併合、大逆事件で第１次世界大戦の４年前。１９４０年の翌年に日米が開戦しています。その30年後の１９７０年は敗戦のどん底から立ち上がった高度経済成長期の末期にあたり、さらに、その30年後は２０００年ミレニアム。バブル崩壊から長期不景気が続いた時代です。

たぶん江戸時代後半くらいから世の中は猛スピードで変わり続けている。最近の数十年は中東や東欧などは激動ですが、日本国内に限ればむしろ変化が緩《ゆる》やかになっているくらいなのではないでしょうか。

「古い時代」の考え方が通用するのか、しないのか、**それを判断するのはあくまで若い世代**。大人の役割ではない。

親の世代が子どもの世代に遠慮していては、子どもは何もできない人に育ってしまう。

親世代は、今大切だと思うことを子どもに教える。

子どもが長じて若者になり、教わったことのなかで必要なものは摂取し、いらないと思うものは捨て去って、新しい時代を作る。

その繰り返しが歴史なんじゃないでしょうか。

「最近は」とか「これからは」といった言葉には慎重であるべきなんじゃないかな。

他人の言説にも、自分の感覚にも。

❇ 迷いは道を作らない

大人が迷っているのに、子どもが道を定めることはできない。

「意思の尊重」は言うまでもなく大切ですが、それが責任逃れの口上《こうじょう》になっていないか、自問する姿勢が大切だと考えます。

いきすぎた教育熱がかえって子どもの意思を損ねて将来に影を落とす例はある。

でも反対に放任しすぎれば、ただのゲーム中毒、動画中毒になってしまい青白い顔でふらふらしているだけのスポイルされた子どもを作るリスクもある。

まずは教える側の大人に意思があるべき。

こちらに意思がなければ子どもの意思を尊重することはできない。

まずは一つの方向を指し示すのが、子どもに対する大人世代の義務ではないか。

それが否定されるか受けつがれるかは、子どもが判断すること。

入り口付近でボヤボヤ迷うよりは、自ら中に入っていく。その背中を見せる。

だめならあきらめてもいい。逃げてもいい。戻ってもいい。

でも、**まずは前へ一歩、歩き出してみる**。走り始めてみる。**勝ちを目指してみる**。

今目指しているゴールが30年後、今ほどの魅力がなくなっているかもしれない。

何も目指さなかった人が、そんなあなたを見て笑うかもしれない。

でも、そうであっても、なにも目指さなかった人より、何かを目指していたあなたのほうが、いいものを持っている。たぶん。

まとめ

- 時代が変わるからといって今の価値観が全く無意味になったりはしない。
- 世の中はここ2世紀あまり変化し続けている。
- 迷っていては子どもを導くことはできない。大人のほうにまずは意思があるべき。

ねらい

未来のことは分かりません。

誰にも予想できないので、思いっきり想像してみよう。

10年後、20年後、30年後……50年後の世の中はどうなってるのか考えて下の段に書き込み、その世の中で自分が何をしているのかを書き込んでみよう。

やりかた

1. キミの未来、10年後、20年後には何をしているかな？
自由に想像して書き込んでみよう。

2. 世界は、世の中はどうかわっているでしょう。
こっちも、完全自由に想像してみよう。
例 リニアモーターカーが開通
AIが人間と同じレベルに。会話できるロボットが誕生
大きな戦争が起きる
癌《がん》が治療可能になる
宇宙旅行に行けるようになる

memo

質問 9　カウンセリング・チェックシート

勝手に予想！　世界とキミの未来ビジョン

2020年　2030年　2040年　2050年　2060年　2070年

10年後　20年後　30年後　40年後　50年後

キミの未来ビジョン

世界の未来ビジョン

質問10

家族で意見が分かれています

義母は看護師をしながら女手一つで夫を育て、私立の中高一貫校から京都大学に入れたことを人生の誇りにしています。そのためか、小学5年になる長男の進学にあれこれ口出ししてきます。

3年の終わりころ、地元で一番の進学塾に勝手に申し込んで入会したまではよかったのですが、最下位クラスに入れられ、成績も伸び悩んでいたところ、ある日夫が長男の勉強の様子を見るとその体《てい》たらくに嫌気がさしたらしく、突然怒り出して塾に電話をかけ一方的に辞めさせてしまいました。

夫は長男には見込みがないから中学受験はやめさせろと言いますが、義母はそれにはかまわず別の進学塾の資料を取り寄せて入会を検討しています。私としては中学受験させるかどうかはともかく、長男にはもう少しアットホームな塾か個別指導が合っているのではないかと考えているのですが、夫も義母も、私が何を言っても聞き入れてはくれません。本人は大人の考えなどおかまいなしに、友だちと遊んだりゲームをしたりして毎日を過ごしています。

受験どころか、このままでは学校の成績も真ん中より下のほうに落ち着いてしまいそうです。これからどうすればいいのでしょうか。【母 35歳】

❇ツルは一声まで

「受験は本人の意思を尊重するべき」とよく言われます。それは正しい。

でも公立の小学校に通っていて、友だちとフツーに遊んでたのに、何の前触れもなく突然に、「おれ（わたし）、中学受験する！」と言い出すことは多くない。

放っておいたら、中学受験なんてものが存在すること自体、子どもは知らないままにすごす可能性も高い。

「自発的に」言い出す子がいるとしたら、それは**友だちの影響**か、あるいは逆に今通っている小学校に馴染《なじ》めていないので**友だち関係をリセットしたい**かのどちらか。

もちろん、それはそれで一つのきっかけなので尊重してあげていい。

「友だちが行くって言うから私もなんて、ちょっとおかしいですよね」

「小学校のクラスの人が行く中学とは別のところに行きたいって言うんですけど、そんな動機で受験してもいいんですか」

こういった相談もよく受けます。**ぜんぜん問題ありません**。

でも大抵の場合、受験をしようというきっかけは**家族の影響**です。

「あなたは中学受験するのよ。いいわね！」

こんな感じで強制することはなくても、食事中やテレビを見ながらの会話の端々に、あるいは近所を散歩したりドライブしたりする途中、学校の門を見かけたときなどに少しずつ「刷り込んで」いき、やがて本人が「自発的に」受験をしたいと言い出すのを待つのが、**最も（ずる）賢い親御さんのやりかた**だと思います。

「おまえ勉強できるから、ガッツリがんばって○○中学に合格しようや！」

と直接**鼓舞する**（けしかける？）やりかたもあるでしょう。

そのあたりは家族や子どもの性格によっていろいろです。

高校・大学受験は多少事情が違います。

中３や高３の子はある程度大人になっているので、志望校を**自分自身でよく考える**必要が出てきます。

親が何かを言っても聞いてもらえないこともしばしば。

とはいえ、すべてが完全に本人の判断に任されるかといえば、そんなことはない。そういう家庭もあるにはありますが、それは保護者が「本人に任せる」という方針をとっているから。

子どもは**経済的に家族に依存している以上、保護者の意向を無視することはできません。**命令口調でなくとも、親の意向は子どもの判断に大きく影響します。

勉強するのは言うまでもなく生徒（児童）本人です。でも受験に関する方針を決定する最終的な権限を握っているのは保護者。受験は家族の総意で進められます。

「船頭多くして船山に登る」

小学生に教える諺《ことわざ》にこんなのがあります。

リーダーが多すぎると、方針がバラついてしまっていつの間にかとんでもないところに行き着いてしまう。

相談の家族は、そうなってしまう危険があります。**主導権を持つ人は1人でいい。**

❇ 理想は円満家族？

家族を組織と見立てたとき、子どもからすれば、家族の大人は言わば上司。予算や人事権を握られている。

会社で仕事をしていて最もイラつくのは、経営陣の打ち出す方針がいまいちハッキリしないときではないでしょうか。

お父さんの言うことと、お母さんの言うことが違う。怒るポイントも違う。

そこにさらに、おばあちゃんが厳しくああだこうだ言ってくる。朝令暮改。

こういう状態、子どもは結構すぐに適応します。で、上層部の意向の相違を利用する。

目的は**「楽をする」ため**。

お母さんが今のうちに宿題をしなさい、と言っても、

「え～、お父さんが夜やればいいって言ったし～」

そういう約束があったのなら……と引き下がってあとで確認してみたら、お父さんはそんなこと言った覚えはないということが判明。

権限は一元化したほうがいい。**「勉強担当大臣」**みたいな役職を決める。

質問のような家庭なら、いっそのことおばあちゃんに一任してしまうのもいいかも。

子どもが宿題やってないといった理由で、感情的になって「塾をやめさせる！」というのもＮＧ。

そんなの**「勉強したくない」子どもの思うつぼ**です。受験勉強も通塾も子どもの生活の

一部。質問7でも触れましたが、それが親の感情で簡単に取り上げられ、跡形もなく消えてしまう経験は、その子の将来に影を落とすかもしれません。

目標を親の一存で奪えるのは、その目標を親が一方的に押し付けているから。

少なくとも形の上では、生徒（児童）本人を含めた家族全員の「合意」がなければいけない。


合意があるから一人一人の意思があり、その意思を尊重することもできる。

❇ 進路決定は小さな政治

「受験するって、あんたが言い出したんでしょ！　やる気、あんの!?」

宿題をぜんぜんやってないことが発覚した息子に思わず怒鳴る母親。

人間って、やる気に満ち溢《あふ》れているときよりも、なんとなくダルくてやる気がないときのほうが多い。**私は少なくともそう**ですが、みなさんはどうですか？

「やる気あるの？」という言葉は問いかけであると同時に「やる気あります！」の宣言を強要する、**一種の「ダブルバインド（二重拘束）」です**。

理想は、家族が役割分担のしっかりしたチームを形成すること。子どもの前で、進路の方向性で揉めたりしない。

ルールを明確にして、お父さんとお母さん、おじいちゃんとおばあちゃんの間でばらつきがなるべくないようにする。

努力の「聖域」をつくる。

たとえば朝起きてからの1時間は絶対に勉強する。リビングのテーブルにおもちゃは置かない。夜7時から9時までは絶対にゲームをしない、など。

こういうルールを作ったら、大人も子どもも例外なく実行する。

「お父さんだけは特別」というような例外をつくれば、ルールはすぐに形骸《けいがい》化《か》します。

そして形骸化したルールが増えていけば、家族で作るルールそのものの威信が失われ、家族で何を決めても、子どもからすれば「どうせすぐになくなる」とナメられることになります。

そうなったら終わりです。家族だけでは問題を解決できなくなる。

「逃げ場」や息抜きの時間も、意識して計画的に作る。受験勉強は過酷です。模試の結果がずっと良好なままということはほとんどありません。落ち込むことは誰でもあります。

そのときに守ってもらえる場所が必要です。

受験をめぐる意思決定は家庭内の小さな政治。

予算や政策を決めていく必要があり、それを実行するプロセスがある。

楽しいことばかりではないのは当たり前ですが、苦しみばかりを強いると**反乱が起こります**。

勉強する主体は子どもだけど、最終的な決定を下すのは保護者。家族も複数の人間が集まる集団である以上、いったん決めた方針を簡単に変えることは難しい。

決断とは「決める」ことと、他の道を「断つ」ことです。

まとめ

- 子どもの教育方針を決めるリーダー役は1人でいい。
- どんな決定も、少なくともカタチの上では全員の「合意」を得る。
- 「やる気あるの？」はダブルバインド。努力の聖域や逃げ場を意図的に作ることも大切。

ねらい

家族の勢力分布を可視化する勇気、ありますか？
本人をとりまくパワーバランスを確認しよう！

やりかた

1. 本人をとりまく家族の発言力・きびしさ・いやし・教育度を、１～５の５段階で書き込んでいこう！

2. それぞれのメンバー同士の関係を、線や矢印で書き込んでいこう！
   ⟺ 敵対　　＝ 有効　　― 中立

3. 中心の本人欄の数値のうち、「スパルタ度」は周囲の「きびしさ」の合計、「いやされ度」は「いやし」の合計、「教育され度」は「教育度」の合計。「スパルタ度」が「いやされ度」を大きく上回るようだと、家庭内での立場はかなりきびしいといえる！

memo

質問10　カウンセリング・チェックシート

小さな群雄割拠《ぐんゆうかっきょ》！　家族の勢力分布図

発言力：

きびしさ：

いやし：

教育度：

発言力：

きびしさ：

いやし：

教育度：

本人

発言力：

スパルタ度：

いやされ度：

教育され度：

発言力：

きびしさ：

いやし：

教育度：

発言力：

きびしさ：

いやし：

教育度：

発言力：

きびしさ：

いやし：

教育度：

質問 11

だれでも大学に入《はい》れるんですよね?

少子化が進んで、大学も定員割れしてるっていうし、そんなに勉強しなくても大学に入れるわけで、別にいまさらがんばらなくてもいいんじゃないかと思うわけで……。【男子　16歳】

❇「大卒」は市場価値

今さら繰り返すまでもない話ですが、みんなが大卒になれば、**大卒そのものの価値が下がる。**

現在の大学進学率は、地域にもよりますが50パーセント前後。大学が多い都市部では70パーセントを超えるところもあります。すでに誰でも望めば四大に入れる時代です。

「大学を卒業することが全てでない」なんてのは、はじめから分かり切った事実。

小津安二郎《おづやすじろう》監督の映画『大学は出たけれど』は1929年の作品。当時はまだまだ大卒=エリートの時代であったにもかかわらず、卒業後に定職につけない人はいた。

今は大学を出たから賢いとか、偉いなんて観念はない。

じゃあ今の中高生全員の学力が落ちているのかといえば、そんなこともありません。トップ校、難関校を受ける生徒は、ひと昔と同じようによくできるし、同レベルの問題に取り組んでいる。

予備校でも、進学系の高校でも、難関国立大対策の英語長文対策には、いまだに20世紀後半、ちょうど私が受験勉強していたころの過去問が頻繁《ひんぱん》に使われています。

2020年から始まる大学入試制度改革で、そうした傾向にも変化が起こるかもしれません。

高校3年生が、1980年代の京大の二次試験を解くことは、もしかしたらなくなるかも。問題の傾向が変わるからです。でも、本質は変わらない。なぜなら**受験は競争だから**。

かつて「大卒」というだけで輝かしかったのは、大学進学率が低かったからです。**珍しいものが価値を持ちます**。それは単純な市場原理にもとづいている。

また、大学は職業資格を付与する機関でもある。教員免許、医師免許、看護師免許、などなど。

そうした職業免状を得るためには一定の勉強が必要になる。社会や国、職業団体などが、そうした職業に就く人の数を制限するなら、そこには競争が生まれる。

❇「勉強のない世界」はすばらしい？

教育者が「教育」を語るとき、知識とか、教養とか、思想とか学問などを学ぶことは**人間的な成長を促**《うなが》**すもの**であると語りがちです。

しかし学校はそのためだけにあるのではない。生徒一人一人の能力を見きわめ、適切な職業や、職業につながる上位の学校へ輩出する。つまり**子どもを選抜する機能**がある。これは国や社会にとって重要なはたらきです。

学校の先生は「教育」に熱心ですが、「選抜」について多くを語りたがらない傾向があります。一方で教育を受ける人たち、つまり「勉強する」側である**生徒やその家族の関心事は、主に「選抜」に関わるもの**です。

学校の「教育」と生徒・家庭の「勉強」のこのすれ違いの間に、塾をはじめとする民間の教育産業が存在する。日本の「教育」の最大の特徴はここにあると私は考えます。

学歴や資格、あるいはそのための勉強が人を選別する世界なんて間違っている！

という考えも、あるかもしれない。

じゃあ、勉強なんてやめたらどうか。学歴で仕事が決まる世の中をやめたら、どうなるのか。

これからの社会、遺伝子テクノロジーがますます発展すれば、出生時に知的能力や健康の具合、寿命などがある程度予測できるようになるかもしれない……というか、たぶんそうなるでしょう。

そんな時代には、少なくとも「誰もが」勉強する必要はなくなるかもしれない。やっても見込みのない子どもは初めから知的労働からは遠ざけられることになるから。

そんなSF的な未来を描いたのが映画『ガタカ』（A・ニコル監督、1997）。ご覧になった方も多いでしょう。

あらすじを説明する紙幅はありませんので気になる人は観て欲しいのですが、そこで描かれるのは少なくとも「学歴のない、あくせくした競争から人々が解放されたユートピア」ではありません。

生まれたときから能力や持病や寿命までが分かってしまう。それはそれで恐ろしい世界だと思います。

そんな世の中は私たち現代人の想像を超えている。人生観は全く違うものになっているはず。今では考えられないような**「優性思想」が支配する世界になっているかもしれません。**

❇ 見える道・見えない道

テレビでは大企業の社長が破産して会社を失い、出世の道を昇りつめた官僚が失脚し、人気芸能人がスキャンダルで叩かれて仕事をなくしている。

もちろん本人に何らかの問題があるからこそ、そんな憂き目にあっている。

でも、そうした転落する「著名人《セレブ》」たちには、ニュースになるまでの数十年間、大なり小なりの努力と栄光の人生があったのです。

友だちを失うかもしれない。自分の子どもから軽蔑されたり、子どもがいじめられたりするかもしれない。

なにが言いたいかというと、**どんな人生も一寸先は闇**ということ。

何があるか分からない。人生の道、そのほとんどは先が見えません。

会社勤めの道、芸能の道、政治の道、ビジネスや商売の道、スポーツの道。どれもこれも不安定で、能力以外の要素で決められてしまうことが圧倒的に多い。

それに比べれば、**勉強の道なんて舗装された一本道のようなもの**。

そういう道がしっかり整備されていて、誰でも使えるように開かれている。

このことこそ、私たちが今ここに生きていてよかったと思えるゆえんではないでしょうか。「勉強」の道は安全で確実な道。社会に出てからは、手探りの道やそもそも道のない森をさ迷い歩くことになる。

まずはその道を歩いてみる。走ってみる。

ここにこそ、「勉強」の大きな意義があります。

まとめ

- 学歴も資格も競争をとおしてできる市場価値で決まる。
- 勉強の成果で選抜されない世界がほんとうにすばらしいかどうかは分からない。
- 実社会の不透明さに比べれば、勉強の道は見通しがきいて確実な道。

ねらい

家族みんなでなかなかひとつのことが決まらない……。
そんなあなたに！
何か１つ。ルールを決めて、それを実行しよう。

やりかた

1．家族全員で、なんでもいいから１つのことを決めよう！
勉強と、その目標に関わること

ふだんから円満家族であれば、わざわざこんなことしなくても大丈夫！？
いつもであれば決められないようなことを決めてみよう！

例 テレビは１日１時間まで！
○○中学、ぜったい合格！
夜９時半には寝る！　などなど

memo

質問11　カウンセリング・チェックシート

ふだん、なかなかものごとが決まらないおうちの方限定！

車座(くるまざ)で決定！　方針決定書

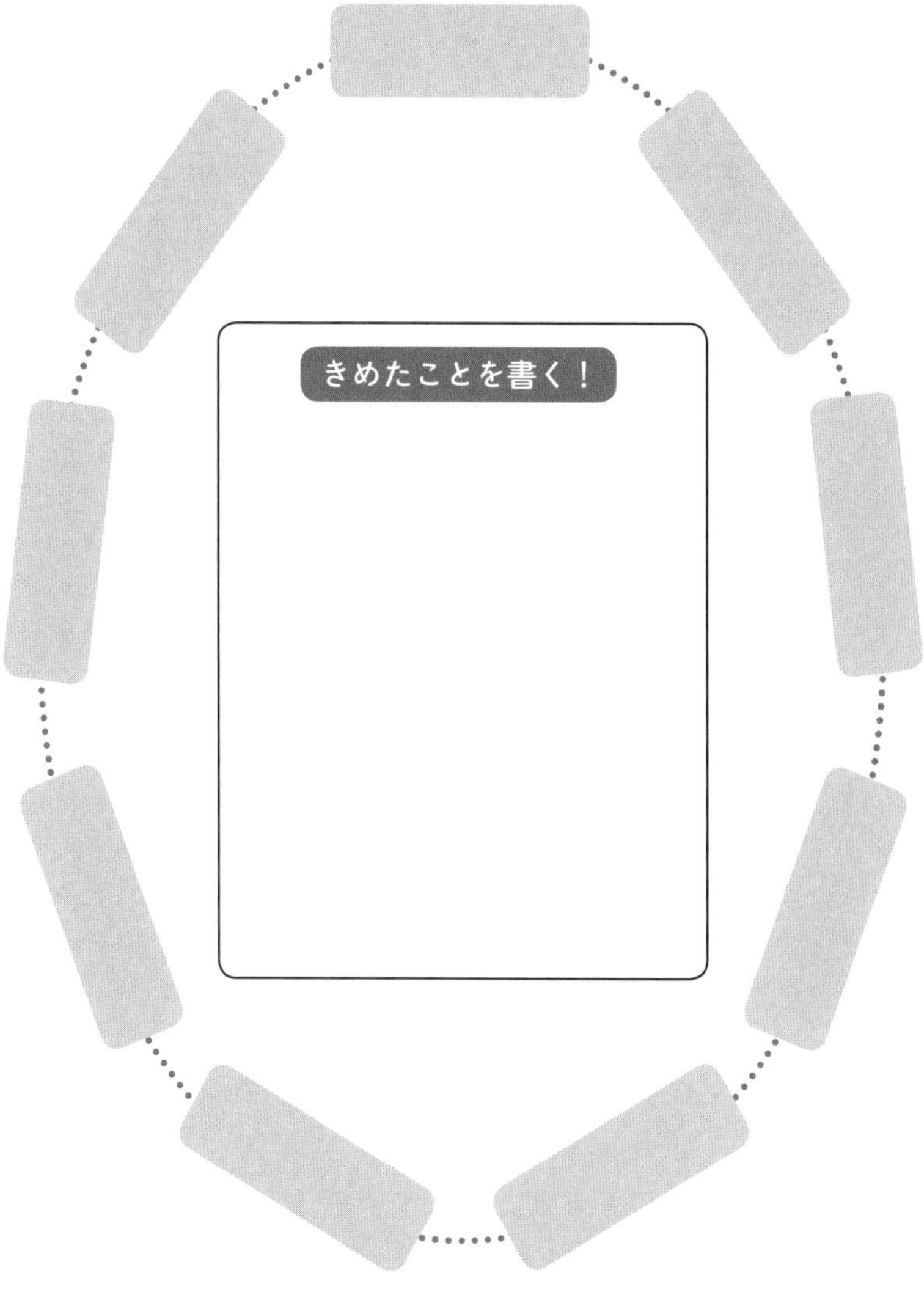

質問12 そもそも今どき勉強とか、古くね？

子どもが「勉強なんか意味がない」って言うんです。母親の私は、そんな純粋な問いかけにちゃんと答えてあげられなくて……言葉に詰まって、涙が出そうになります……ママ失格です（泣）。

IQよりEQって、言いますよね。人生には勉強より仕事のほうが大切。人と話したり、楽しくやれたりするほうが大事なんじゃないかって、私も思うことがあって。このあたり、どうなんでしょうか？

【母　27歳】

❇ 情報社会は勉強社会

「情報社会において必要になるのは個別の知識ではなく、それを活用して新たな価値を生み出す創発力であり想像力である。

それらは学校の勉強では決して得ることのできないスキルだ。これからは勉強などせずに、スマホやPCを活用して広く世界に飛び出していくべきだ」

「少子高齢社会に学歴は意味を成さない。必要なのは知識ではなく思いやりであり、世代を超えて人と人をつなげることのできる人間力である。だから教室での勉強はほどほどにして、ボランティアなどの慈善事業やインターンの機会を増やし、子どもたちも社会との接点を増やしていくべきである」

「AIが発達し、数十年後には人間の知能を上回ると言われている。詰め込みの勉強やペーパー試験を解くことで培《つちか》われる能力では、そうした時代を生き抜くことはできない。学校の勉強は何の意味も持たなくなるだろう」

こんな感じで、**だいたいどんな状況や観測にも、「だから勉強は必要ない」という結論をつなげることができます**。

でもこれ、たぶん反対に、「……だから勉強は必要だ」というハナシにもできるんじゃないでしょうか。たとえばこんな具合に。

「テレビ、新聞、インターネット。飛び交う真偽定かならぬ大量の情報。正しい情報を選び、よりよい選択につなげるために必要になるのが、若い時分に培った教養である。したがって情報社会は勉強社会である」

「日々変わりゆく社会。新しい状況に適応するためには、大人も学習し続ける必要がある。取り残されれば、ただの老害。変化の時代は生涯学習の時代である」

「少子高齢社会は勉強の時代である。特に若い世代はこれまでより多くを学び、少子化によって衰え、失われるかもしれない国や地域の文化を伝承する必要がある」

「これからの時代はますます国際化が進む。先進国の人々はとりわけ知識労働へ就労し、世界に貢献することが求められる。国際社会は勉強社会である」

「ＡＩが発達し、数十年後には人間の知能を上回ると言われている。単純な頭脳労働はコンピュータに取って代わられるであろう。ハイブリッドな知識経験に裏打ちされた、人間にしかできない高度で繊細な感覚を磨くことが、次の世代にとって死活問題となる。これまでよりいっそうの質の高い学習とそれを可能にする教育が求められている」

普段、作文や小論文の指導をしていますから、いわゆるディベート形式の文章にもよく触れます。

なんらかの社会的・経済的なエビデンスを根拠として結論を述べる。このプロセスは議論にはなくてはならないものです。

でもこれ、**実は言おうと思えばなんとでも言えてしまうことが多い**。

特に「〇〇は意味がある／ない」「必要だ／ない」なんていう結論の話になると、ほんとにどうとでも結論づけられる。根拠なんていくらでもありますから。

子どもはサボりたいので「勉強なんて意味ないじゃん」というような発言をしがちですし、もっともらしい根拠を付け加えることもある。

私も若いころは真正面から論破を試みたりもしましたが、説き伏せることができたとしても、**それで子どもが納得して勉強を始めたかというと、そんなことはなかった。**

勉強する理由を話すなら、時間を選んだほうがいい。子どもが「サボりたい」ときではなくて、テストでいい点をとったときとか。

「ほら、がんばったらいいことあるでしょ！」

この一言で十分ではないでしょうか。

❇ IQよりEQ？

ダニエル・ゴールマン『EQ　こころの知能指数』（土屋《つちや》京子《きょうこ》訳、講談社）が発売されたのは1996年のこと。

「IQよりEQ」

これもいわゆる「受験戦争」批判の文脈でひところよく目にしたフレーズです。

EQはEmotional Intelligence Quotient の略。直訳すれば「感情の知能」。EQという

呼び方を広めたのはこのゴールドマンの著作で、もともと心理学業界では最初の2単語の頭文字をとってＥＩと呼ばれていました。

ＩＱ（Intelligence Quotient）は知能の程度を数値化したもの。言語能力とか、空間把握能力とかを筆記試験で測定する。受けたことある人も多いでしょう。

よくある批判が「ＩＱは仕事の能力を反映しない。同僚や上司・部下とうまくやるとか、そういった対人能力のほうが大切」というもの。

「勉強ばかりしてきた」受験エリートは、たしかにＩＱは高いかもしれないが仕事となるとパッとしない――。

実例はいくらでもある。私も感じることはあります。学生講師と接することが多いですからね。

京都でいえば「勉強ばかりやってきた」京大生より、柔軟な同志社とか立命館の学生のほうが「使える」と感じる場面もなくはない。

そう。**「使える」**。時によっては。人によっては。でも中堅私学の子の方がすべて優秀かといえば、もちろんそんなことはない。

京大生で仕事もできる子は、たくさんいる。

マス単位で人選をする大企業の人事部長とかであればもうちょっと違った見方もしない

といけないかもしれません。でも世間一般の私たちからすれば、旧帝大などの難関国立大学生（卒業生）とその他の大学生（卒業生）の**どちらのコミュ力が高いか**なんて、どうでもいい話だし分かるはずもないことです。

なのに「ＩＱよりＥＱ」なんてことがよく言われる。

そういう言説が広まりやすいのは、「学歴社会」を下から批判してこきおろしたい人が多いからでしょう。

受験競争はピラミッド。トップ校に合格する「勝者」はいつも少数です。満足する人よりも、不満を抱く人のほうが多くなる。

学校教育は、勉強は、会社で「使える」人間を育成するためにだけ存在するのでしょうか。「人間偏差値」なんて言葉がたまに（半分冗談で）話題に上ります。

対人能力や人間性を数値化するって、ＩＱなんかよりずっと「非人間的」な考え方ではないかと私は思う。

ＥＱが高ければほんとうに社会人として役に立つのか？　仕事ができるのか？

「仕事ができる」って、何の仕事のハナシですか？

機転がきいて、物知りで、表現力もあって、コミュニケーションもとりやすい。

それが理想。どっちをとるということではないはずです。

❇ 勉強は「努力のトレーニング」

2020年の大学入試改革がうまくいくかどうかは分かりません。でも内容や成果と関係なく、いずれ批判の方が多くなると思います。ルールが新しくなっても、競争に勝ち残って成功して満足する人よりも失敗して不満を抱く人が多いからです。

試験内容や方式が公正でありさえすれば、私は問題ないと思っています。いずれにせよ、学力、つまり「勉強の成果」そのものが完全に評価の埒外《らちがい》に置かれることはないでしょう。

学歴とか、資格とかが人生のすべてではないなんてことは、誰でも分かっている。東大出たって年収1億円だって、不幸な人はいくらでもいる。「競争」とか「選抜」といった言葉を使うとそれだけで眉をひそめる人がいます。でも試験があるところには必ず競争か選抜が、あるいはその両方が存在するのが現実です。

そして**「努力」はほとんど必ず「競争」に向かっている。「勉強」とは「努力する学習」のこと。**「選抜」と「競争」を念頭におかない教育論を、私は信用しません。

それは教える側の一方的な理想論に過ぎない。生徒本人が真剣に考えているのに、それを汚れ物のように扱うのは間違っている。

人生は勉強ばかりではないし、学歴がすべてではない。

そして競争ばかりでもない。

でも**生まれてから死ぬまで一度も本気の戦いや競争を経験しない人生を、果たして充実した人生と呼べるでしょうか**。

学歴はすべてではありませんが、少なくとも1つのチャンスではあります。**勉強は、そんな人生のチャンスのひとつを掴《つか》み取るための「努力」の方法を、学習という手段で手に入れるトレーニング**です。

まとめ

- 勉強の意味について話すのは、テストでいい点とったときが最適。
- EQもIQもそこそこ大事。どっちがどうということはない。
- 努力は競争に向かっている。本気の努力が人生をゆたかにする。

ねらい

勉強の方針といっても、いろんな次元の問題があります。

将来的にはどんな仕事につきたいのか。大学に行くのか行かないのか。行くとしたら国立か私立か、学部はどこか。中学・高校は……といったおおまかな筋道と、ニガテな算数をどうすればいいかという問題は別の次元です。

ビジネス本でよく見る「戦略」「作戦」「戦術」の区別にならって、勉強のやりかたや方針を整理して考えてみましょう。

やりかた

●長期的な見通し
これからの10年〜将来を見渡すような、本人・家族の展望や目標を書こう！
例 誰よりもやさしい医者になる！　家族みんなが楽しく明るく暮らしたい！　友だちを大切にしたい！

●おおまかな道筋
中学、高校、（行くなら）大学の学部や大学院、その後の職業について、思いつくままに書いてみよう！

例 私立○○中学で水泳をがんばりながら勉強し、□□大学工学部に入学、自動車会社のエンジニアになる。

中学は公立。習いごとのピアノを続けながら、音楽系の高校にはいりたい。将来はピアニストか、音楽の先生に。

●具体的な方法
「おおまかな道筋」どおりに進んでいくために、どんな方法で努力していくかを考える。
例 小学４年から△△塾で中学受験対策。５年生までサッカーを続けるが６年生でいったん休み、合格後に復帰。

●毎日の取り組み・生活習慣
直近の目標に到達するために、日々しないといけないこと、克服する弱点などを書く。

例 算数のミスを減らすために計算ドリルを１日１ページやる！

塾と学校の宿題を、学校から帰ったら必ず最初にやる！

バイオリンの練習、１日30分以上！

質問12 カウンセリング・チェックシート

ランチ☆スター大戦略

●長期的な見通し（ビジョン）

●おおまかな筋道（戦略）

●具体的な方法（作戦）

●毎日の取り組み・生活習慣（戦術）

勉強は戦争だ？　ストラテジーを構築せよ

経営ノウハウ本によく「戦略・作戦・戦術」という言葉が登場します。

会社を成功に導くために、それぞれの職位にある人が何を意識して仕事をするべきか、気持ちを共有するために示されるものです。

戦略（strategy）　経営者が思い描く成功のストーリー。

作戦（operation）　戦略を成功させるために、各部署が立てる計画。プロジェクト。

戦術（tactics）　プロジェクトを成功させるための仕事のやり方や工夫。

「戦略」のさらに上には、その会社なり組織なりの考え方（理念）とか展望（ビジョン）があるみたいです。

「戦略」は経営陣が、「作戦」は各部署の部長や幹部が、「戦術」は現場のスタッフが意識すべきこと。

ケーキ屋さんなら、こんな感じになるでしょう。

理念　食べたらみんなが笑顔になる、街一番のケーキ屋さんになる！

戦略　得意のシュークリームをたくさん売りながら、新しいお菓子作りにも挑戦する。

個人用のケーキの種類を増やし、品揃えで勝負。

店舗を増やして、街じゅうだれでも買いに来やすいようにする。

作戦　シュークリームの品質を落とさずに大量生産するプロジェクト

ケーキの種類を増やすプロジェクト

新規店舗開店プロジェクト

戦術　シュークリームの作り方をマニュアル化して誰でも作れるようにする。

どんなケーキの人気があるのか、雑誌や競合店でリサーチ。

新しい店にふさわしい場所や建物、かかるお金を調べる。

チラシを作って週に1回、近所にポスティング。

こんな感じでしょうか。

軍事用語を使うと、**なにやらかっこよくてシリアスな感じ**になります。

一般企業も生き残りのために必死で戦っています。真剣な雰囲気を会社全体で共有するためにも、経営陣の中高年のオッチャンたちはこうしたものものしい用語を好むのでしょう。

受験もまた「戦争」に喩《たと》えられた時代がありました。

「その割には」なのか、「だからこそ」なのかは分かりませんが、勉強の方針をこの「戦略・作戦・戦術」に見立てるやり方は、あまり見たことがない気がします。

「勉強は戦争だ！　日々これ決戦！」といきり立つつもりはありません。ただ「やるべきこと」を展望や期間の規模で分けるやりかたには、**勉強にも応用できる**ヒントが隠されているように思えます。

毎日の勉強や、塾で習う「分かりやすい覚え方」や「解き方」は、ここでは「戦術」に属する事柄です。

「作戦」にあたるのは、**志望校合格のための塾選びとか、生活リズムの構築**など算数の苦手な子なら「算数克服プロジェクト」を発動してもいいでしょう。

「戦略」はどうでしょうか。志望校を決める。これも戦略の一つだと思います。

でもそれだけではいけない。**「勉強」の戦略は、小学校から大学までのすべての学歴と、その後の職業生活までを思い描くもの**であるべきだと私は考えています。

中学受験や高校受験の相談を受けると、かなり多くの保護者が、そのときの受験のことしか考えていない。たとえば中学受験なら、卒業後の大学（受験する中学はほとんどが中高一貫なので、中学の出口は大学ということになる）までを見通して考える必要があります。

「そんな先のことは、あとで気持ちが変わるかもしれないし」と思うかもしれません。変わるなら変わっても良いのです。とりあえず、現在のところの見通しがあれば、あとで変更するのはかまいません。

こうした長期的な見通しや計画（戦略）がないと、つい周囲に流されやすくなる。「やる気出ないわ～」とか「勉強なんて意味ないし～」という、**けだるい気分にまかせた言葉に、いちいち立ち止まることになる。**

最上位の「理念」はどうでしょう。

「勉強」や「学歴」を、生徒本人、あるいは家族全体にどう位置付けるか。

勉強熱心な家庭はあります。当たり前のように、毎日数時間の勉強。保護者も、そのために全面的に協力する。

なにもそこまで……というお家もあります。週末は家族で遊びたいとか、サッカーやピアノなどの習い事に力を入れたいとか。

将来のためには生活リズムを整え、厳しい躾《しつけ》が必要と考えるお家。先のことよりも、今の家族生活をハッピーに過ごしたいと考えるお家。価値観はさまざまです。

こんな家庭にしたい。勉強は、こんなふうにやっていきたい。将来はこうなっていたい。

大きな見通しや理想を持っていること。

それを家族が共有することが、何よりも大切だと思います。

ここまでくると、勉強は子ども一人のものではない。家族全員の取り組みであり、家族みんなが共有する方向性そのものです。

まとめ

- やるべきことや方向性を、期間や方針の大きさで分けて考えるのは有効。
- 学歴や職業までを見通した長期の展望をもつことが大切。
- 勉強の方針は家族みんなで共有するのがベスト。

第4章

ちょっとした
コツなんです

やり方を工夫する

質問13

国語はセンスかロジックか

小6になる息子の国語の成績が安定しません。偏差値60を超えたかと思うと、次の模試では40台まで落ち込んでしまいます。幼児のころから絵本の読み聞かせを続けた甲斐あってか、息子は本が好きで、今も平均的な小学生より読書量は多いほうだと思います。説明文や随筆などで、興味のないテーマの文章が出ると考えが止まってしまうようです。国語の成績を安定させることはできませんでしょうか。【父　42歳】

❇ 文学は芸術・論理は技術

2022年から実施される高校国語の新学習指導要領では、必修科目・選択科目の大規模な改編が行われる予定です（左頁表）。

選択科目に新設された**「論理国語」**と**「文学国語」**が、ちょっとした物議を醸《かも》しました。伊《い》藤氏貴《とううじたか》（明治大学准教授）は「高校国語から『文学』が消える」と題したコラムのなかで、これを「私たちがイメージする『国語』の概念を根本から揺るがすほどの変化」をもたらす「戦後最大の『国語』の改変」であると位置づけ、このように批判しています。

> 「論理国語」には文学はもちろん、文学評論を入れてはいけないというお達しで、入試改革のことを考えると、ほとんどの高校が『論理国語』を選択するだろう。中島敦《なかじまあつし》『山月記』や漱石《そうせき》『こころ』のような、日本人なら誰でも読んだことがある文学作品が、契約書やグラフの読み取りに取って代わられる。

平成21年告示学習指導要領	平成30年告示学習指導要領
【共通必履修科目】 国語総合（4単位）	**【共通必履修科目】** 現代の国語（2単位） 言語文化（2単位）
【選択科目】 国語表現（3単位） 現代文A（2単位） 現代文B（4単位） 古典A（2単位） 古典B（4単位）	**【選択科目】** 論理国語（4単位） 文学国語（4単位） 国語表現（4単位） 古典研究（4単位）

文部科学省『高等学校学習指導要領解説国語編』（2018）より作成

表　新学習指導要領の国語科科目構成

（『文藝春秋』11月号、２０１８）

大学入試改革では、昨今の若者の「読解力低下」をかんがみて、**契約書など、実用性の高い文章**が問題に取り入れられることが決まっている。選択科目とはいえ「論理国語」はこれまでの国語教育のなかで文学作品に親しむことを学んできた若者たちを文学から遠ざける結果になる。日本の文学が衰亡の危機に立たされる。

ツイッターなどのＳＮＳやブログでもこうした論旨の主張が散見されました。

契約書や企画書ばかりでなく、学者やジャーナリストが書いた文も「論理国語」に入るでしょうし、明治大正期の寺田寅彦《てらだとらひこ》のような科学者の文章も、こちらに分類されるかもしれません。

たぶん「論理国語」は「大学入学共通テスト（今のセンター試験に代わる新テスト）」でしか国語を受験しない理系の高校生や、文学に親しむよりも基本的な読解能力を高める必要がある国語の成績がいまひとつの生徒（そういう生徒が多い高校）が選択する科目になるのではないでしょうか。

だから私は、伊藤氏が危惧するような事態がただちに起こるとは思いません。

ただ、昨今の**「文学部不要論」**などに象徴される文学軽視の風潮から考えると、氏の心配も杞憂《きゆう》かといえばそうでもないかな、という印象はあります。

「国語」の「国」は「我が国」の意味。ちょっと昔は「日本史」も「国史」と呼んでいました。英語で表記すれば、国語は「Japanese」。日本語の学習です。

アメリカ人の多くやイギリス人にとって「国語」は主に英語ということになりますが、国語をそのまま翻訳できる言葉は存在せず、「Our country's language」とか「national language」とは言わず「English」という教科があるだけです。「国○」という言い方は日本独特の、国家主義的《ナショナリスティック》かつ民族中心主義的《エスノセントリック》な用法です。まあ、それはいいとして。

言語が発達するとき、文学は大きな役割を果たします。シェイクスピアや紫式部《むらさきしきぶ》、夏《なつ》目《め》漱石《そうせき》が言語文化に及ぼした影響ははかり知れない。だから日本語の学習のなかに文学（古典も、近現代文学も）が入るのは自然なこと。

すぐれた文学に触れることが、子どもたちの言語感覚を刺激する。文学という芸術の一分野に慣れ親しむ目的もあります。

国語には文学を学び、慣れ親しむ側面と、論理的に文章を読み解いたり、相手に伝わる文章を書いたり発言したりする実際的、技術的な側面がある。きれいに切り離せるかどうかは微妙なところですが、**どちらも日本語の理解を深めるためには必要です。**

❇ ロジックに頼りすぎない

国語の成績について、質問者のような悩みを抱える人はとても多い。

読書好きで言葉のセンスが優れた子は、文章を内容で理解し、筆者や作者の意図を全体から読み取って、設問に正面から答えようとする。

だから、問題文の内容が興味のもてないものだったり馴染みのないことだったりすると、「何を言ってるか分からない」となり、**大問まるごとほぼ全滅**、なんてことになる。

要するに、地頭の良い子。自分のセンスを疑ったことがない。

漢字や文法の学習以外に国語の勉強はあまりしない。それでいいと思っている。なぜって、本を読んでいるから。そういう子は国語の点数が乱高下しやすい。

点数を安定させるためは、当たり前ですが**問題をたくさん解く**こと。これしかありません。不得意なジャンルの文章（小説、説明文、随筆など）の、**やや易《やさ》しめの問題をたくさん解く**。苦手なタイプの文章にたくさん触れ、**問題の形式に慣れる**。

中・高・大学の比較的難関校の入試対策であれば、塾や予備校で「論理構造」を学ぶ機会が多い。上手に教えてもらって使いこなせるようになれば、それまで読解が苦手だった生徒でもそこそこ点がとれるようになる。

文章の各部分の「因果関係」や、「同意関係」などに注目し、論旨の核心を見つけ出す方法です。大学受験をした人なら知っているでしょう。予備校や塾の講師が分かりやすい本を出しています。つまり、**受験業界はずっと前から「論理」偏重**。

新しい指導要領の「論理国語」は予備校・塾の教える「論理《ロジック》」読解と完全に同じではないでしょうが、重なる部分も大きいと予想します。

国語のニガテだった子が、受験勉強で「論理」を学んで目からウロコが落ち、偏差値を急上昇させる。そういうケースはよくあります。

私も受験生に国語を教えるときには必ず触れます。

しかし、これが国語の読解問題を解くときに万能かといえば、**そこまでの力はありません**。肌に合わない子もいます。

論理読解に限らず、**いわゆる「解法テクニック」を最大限利用するのはいいのですが、頼り過ぎはよくない**。受験業界が近年「論理」に傾きすぎて、文学作品までが「論理」で読み解かれることに、私はむしろ抵抗を感じていました。

論説文の趣旨ならともかく、物語文の「作者のメッセージ」を問うのは、ポストモダン評論の「作者の死」をどう考えているのか、出題者に問いただしたい気もする。

文学は「読解」とは別のアタマの領域で味わいたい。なにやら奥深い人間の心の淵《ふち》を覗《のぞ》き込んで、ひとつかふたつ、他人よりもモノの分かったような気持ちになりたい。
そのための「文学国語」なら、私は歓迎します。

✻ 読解はマルチタスク

読解問題を解けない小学低中学年は「検索」がちゃんとできていないことが多い。検索というのは**アタマのなかでいくつかの情報をストックしながら文章をザーッと読むこと**。コンピュータの検索機能と同じことをアタマでやる。

たとえば、「傍線部①について、太郎くんが右手をにぎりしめたのはなぜですか。」という問題があるとする。答えを見つけるためには、まず「太郎くんが右手をにぎりしめた理由」を見つけることを意識しながら、傍線部前後を読み直す必要があります。

何か一つのことを「念頭に置き」ながら「文章を読む」。**1つの脳の中で2つ以上のことを同時にこなしながら、この2つを結びつける作業**。いわば基礎的なマルチタスクです。

本を読むのが好きな子でも問題に慣れていないと、内容は分かっているのに問題には答えられなかったり、文章を一通り読むまではできても設問文を見るなりかたまってしまったりということになりがちです。

解決策といえば、やっぱりこれもたくさん問題を解くしかない。読解問題は漢字・語句や算数の計算問題と比べると時間がかかりがちで取り組むまでのハードルがやや高い（めんどくさい）こともあり、ニガテ意識も育ちやすい。

「君、読解問題できないね〜」とか「読解力ないわね〜」なんて嘆きを子どもに聞かせるのは禁物です。

本を読め！　とは言わない。読んでる人はすでに成績が良い。でもまあ、もういっかい繰り返しておく。本、読みましょう。読まないなら、問題を解くこと。難しくない問題をたくさん解くことです。

まとめ

- 「論理」も「文学」も国語の重要な部分。
- 解法テクニックは便利だけど、頼りすぎもよくない。
- 読解問題は初歩的なマルチタスク。

ねらい

論理でものを考えるタイプか、はたまた文学的な感じ方をするタイプなのかをざっくり診断してみます。

やりかた

1．ロンリ度、ブンガク度を測る各質問に答えよう！
当てはまる場合はチェックボックスにチェックを入れる。チェックの数があなたの「ブンガク度」と「ロンリ度」の目安です。

2．ロンリ派だったらブンガク派ではない、というわけではありません。ロンリもブンガクも造詣《ぞうけい》を深めるのが理想。
この診断もあくまでザックリなので、軽い気持ちでとりくんでね！（対象年齢：小学高学年以上）

memo

質問13 カウンセリング・チェックシート

キミはロンリ派？ ブンガク派？

- □ ①「ていうかぁ」という言い方に抵抗がある
- □ ②理屈っぽいとよく言われる
- □ ③約束や規則は守りたい
- □ ④計画を立てないと行動できない
- □ ⑤幼いころ、周囲の大人になんでもかんでも「なんで？ なんで？」と聞きすぎて怒られた
- □ ⑥「魚心あれば水心」というが、魚はともかく水に心はないだろ、と思う
- □ ⑦「トゥループ」「サルコウ」「フリップ」などの意味が分かるまではフィギュアスケートの試合を見たくなかった／今も知らないから見たくない
- □ ⑧物語文より説明文が好き
- □ ⑨アニメや映画を見るときは登場人物よりも背景になる世界設定の整合性や伏線とその回収に興味がある
- □ ⑩SNSなどでスジの通らない発言をしている人を見ると、思わず反論したくなる

- □ ①悲しい映画やアニメを見ていると、思わず泣きそうになる
- □ ②好きなお話の登場人物を「さん」付けで呼んでしまう
- □ ③国語の読解問題は説明文より物語文のほうが好き
- □ ④ふと気がついたらノートに詩をかいていたことがある
- □ ⑤好きなドラマの続きが気になって仕方がない
- □ ⑥美しい夕焼けを見ていると自然に涙が流れてくる
- □ ⑦毎日オリジナルの駄洒落《だじゃれ》を考えている時代があった／今も考えている
- □ ⑧好きなアニメや映画の舞台やロケ地を巡る「聖地巡礼」をしたことがある／いつかしたい
- □ ⑨ニュースで事件の犯人を見ると、犯行にいたるまでの生々しい人間ドラマを妄想してしまう
- □ ⑩学者や医者より小説家や映画監督にあこがれる

ロンリ度

ブンガク度

質問
14

うっかりまちがいが多すぎて……

小5男子の母です。中学受験のために塾に通っています。算数のテストでケアレスミスが多く、悩んでいます。ひどいときには20点以上落としてしまい、偏差値が30台になったこともありました。

字が雑で、式を書いたり筆算でていねいに計算したりせず、暗算ですぐに答えを出そうとするのがよくないことは分かっているのですが、私が何度言っても直そうとしません。和差算や倍数算なども線分図を描かないので、正解できないことがあります。うっかりミスをなくすためにはどうしたらよいでしょうか。

【母　47歳】

ます。

❇ ケアレスミスは治らない

これ、小中学生男子のお母さんが100人いたら、80人くらいが同じことをおっしゃい
ます。

テストが返ってくる。点が良くない。答案を見る。まず解答用紙の数字が雑。問題用紙を見る。ときどき計算が書いてある。文章題、式は合っている。でもカンタンな足し算・引き算でまちがっている。分数の計算をしていたはずなのに、途中から分母が消えている。小数点の場所をつけまちがえている……などなど。

家でやった練習ではちゃんとできてたのに!

「あんたこれ、ケアレスミスばかりじゃないの! もったいない……」

もうちょっと落ち着いてやれば、あと10点は取れたはず。

うっかりした性格だから、「本当は分かっているのに」点数が取れない。

ケアレスミスさえ直せば、成績はググっと上がるはず。理屈は分かる。

「そそっかしくなければ成績が伸びる」というのも事実でしょう。でも、それですぐに「ケアレスミスをなくす方法」を探ることはできない。なぜなら**「うっかり」は性格**だから。

減らす工夫はあります。見直しするとか。でも、それが実践できる子どもはそもそもケ

アレスミスが少ないのです。で、そういう子どもは少ない。

「ケアレス」はcareless、注意が足りないということ。

さっきいくつか例を挙げましたが、多くの人が「ケアレスミス」とひとくくりにする間違いにはいくつか種類があります。しかもその半分以上はケアレスではない、ただのミスです。分類してみました。

1　純粋うっかりミス

計算結果と違う数字を解答欄に書いている、解答欄を間違える、答えを書き忘れる、記号で答える問題なのに語句を書き入れている、「まちがっているものを選べ」なのに「正しいもの」を選んでいる、など。

2　雑ミス

自分で書いた数字をあとで読み違える（0→6など）、筆算の縦軸がずれた、繰り上がり・繰り下がりの数字を実数を同じ大きさで書いた、など。

3　計算ミス

繰り上がり・繰り下がりを忘れる、符号ミス、掛け算九九の答えをまちがえる（ふだんはできているのに）など。

4　かんちがい

問題の意味をとりちがえる、聞かれたことと違うことをやっている、など。

5　ぼんやりミス

途中でなんとなく計算をやめてしまう、文章題でとりあえず適当な式を作って出てきた数字をなんとなく答えにする、など。

本当の意味で「ケアレスミス」と呼べるのは**1**だけ。こういうミスは本当にもったいないですが、どんなにそそっかしい子でもそこまで多くはありません。たまに**記号問題の大問一問まるごと語句を書き込んで全滅**、なんてこともありますが。

このタイプのミスがあまりに多いようであれば、注意欠陥多動性障害を疑って病院や相談施設に行ったほうが良いかもしれません。最近では治療薬もあるようです（詳しくはお医者さんに聞いてください）。

3と**4**は練習不足。こうしたミスを「うっかり」でかたづけるべきではない。計算ミスには一定のパターンがある場合もあります。

たとえば小学2年生で習う「3桁－2桁」の引き算で、「203－46」のように、引かれる数の真ん中の十の位が0で、かつ一の位の引き算で繰り下がりがある計算。

小2の段階で繰り返し練習しますが、そこを何らかの原因で**スルー**してしまうと、「一の位の繰り下がりで十の位が9になり、百の位も1減らす」という作業が定着しないまま上の学年に進んでしまう。

文章題の計算の途中でこういう式が出るたびに間違える。大人があとで見返すと、途中の「カンタンな」計算で「うっかり」ミスしているようにしか見えない。

こんなのはかなり分かりやすい例です。原因が分かっても先生がすぐに魔法のように直してくれるわけではありませんが、それでもただボンヤリと「ケアレスミスが多くて困っちゃう」と悩むよりは一歩前に進んだことになるでしょう。

5のぼんやりミスは大人からすると信じられないのですが、小学4年生くらいまでの子どもの答案でよく見ます。これはもう、精神的に成長してもらうしかない。

字が汚いとか、筆算が雑といった事柄は、なんらかの努力や取り組みですぐに直るものではありません。欠点にばかり気をとられて無闇に厳しくすると、**「角《つの》を矯《た》めて牛を殺す」**ことになりかねない。

計算ミスをなくす練習なら、時間を区切って簡単な計算を繰り返すなど、やりようはあります。

ミス全般を少なくするには**自分なりにミスを出さない工夫**をするしかありません。ケアレスミスを含め、ミスが多い子は、日ごろの勉強が**「やりっぱなし」になっている**ことが多いようです。

勉強は**答えを合わせてまちがったものを直すまで**。小学低学年のあいだはプリント1枚、問題集1ページが終わるごとに先生や**保護者が丸つけをしてまちがいを直させる**ようにし、高学年以上は**こまめに自分で丸つけ、直しまでする**習慣を身に着けることで改善する子もいます。

「うっかりミスが多い」という言葉を**「本当は実力がある」**という、**親子で共有する言い訳**にしてはいけません。

❇ 文章題は国語力？

もうひとつ、算数についてのよくある相談が、これ。

「うちの子、文章題ができないんです。読解力がないからなんでしょうか……？」

半分はそのとおり。でも、**本を読みまくったからといって、算数の文章題が解けるようになるわけではない**。すごい読書家だけど算数の文章題が苦手という子もいる。

文章題を解くために必要な思考プロセスを細かく分けるとこんなふうになります。

1　設問文を「読み」、何を求めればいいのかを把握する

例：人数、面積、Aくんと Bくんの持っているビー玉の個数のちがい

2　答えに至るまでにどんな計算をすればいいのかを「考える」

例：Aくんのビー玉の数からBくんのビー玉の数を引けばいい

3「式をたてる」

例：2＋8

4「計算し」て、答えを出す

いわゆる**「読解力」が求められるのは、1のステップ**です。ここでつまずく子が確かにいます。

人数を求められているのにボールの数を出していたり、斜線部分の面積を出しているはずなのに全体の円の面積を答えにしていたり。何を求めているのかを正確に把握していない。まったく分かっていない子になると、文章に出てきた数字をテキトーに足したり引いたりかけ合わせたりしていることもしばしばです。

2のステップで止まってしまう子もいます。「考える」ことがしんどくて思考停止してしまうパターン。

文章題が得意になるには、3のステップ、文章や思考から**式を作れるようになる**ことが大切。**文章に表される事象を数式にするというのは、高度な抽象化のプロセス。**

ものごとを論理的に考えることのトレーニングです。

どこでつまずいているのかを、まずは把握する。

把握したところですぐに解決できるものではないのですが、ただぼんやりと「読解力がないから……」と思い悩むよりはマシです。

「文章題が得意です！」

なんて子は**めったにいません。**

貪欲に「考える」習慣を身に付けるには、日ごろからちょっとしたパズルやなぞなぞに集中して取り組む姿勢が何より大切。

低学年の子は、生活の中で

「ドーナツ8つを家族4人で分けるから……8÷4だね～！」

なんてやり取りが大切。

1の「読む」力や3の「式を立てる」力は、練習で養えます。

大切なのは、**「考える」ことを嫌がらずに、むしろ楽しんで取り組む習慣を作ること。**

こればかりは日ごろの生活のなかで自然に養っていくしかありません。

❇ ファンキーな数字感覚を

「足し算なのか、引き算なのか分からない」

これ、繰り上がりの計算を覚えたばかりの子どもがたまに口にする言葉。

7＋8＝？

これの答えを求めるために、まずは「10をつくる」。

7にいくつ足したら10になる？　と考えて、3と分かったら、8を3と5に分けて、3のほうを7に足す。

で、8からは3を「引いて」、5。答えは10＋5で15。ここでつまずく子がいる。

算数のつまずきというのは、たとえば公倍数とか通分《つうぶん》のような、もうちょっと高度なものでも、原因はこれと似たようなものではないかと思います。

感覚が理論についていけない。だから、理解できない。

なにをやってるのか分からないのに、大人の理解を押しつけても混乱するだけ。自分なりの理解にたどり着くために**暗中模索する時間**が必要です。

周囲の大人が、それを気長に待つことができるかどうか。

気長になれるかどうかは、何より焦《あせ》らずに済む状況をつくることが肝要です。

まえにも書きましたが、そのためには**「早めに」刺激を与えること**。で、**「ゆっくり」待つこと**が大切。

ニガテな子、ニガテになりそうな子は、遡《さかのぼ》って復習するよりは適度な予習が効果的です。

まとめ

- ケアレスミスは性格なのでなかなか直らない。ミス全般を減らすためには答えを確認してマルつけ直しまでする習慣をつけること。
- 文章題のつまずきにはいくつかのステップがある。文章を抽象化して数式にする練習が大切。
- 算数のつまずきの多くは感覚が理論についていけないこと。焦《あせ》らないためには早めに刺激をあたえてゆっくり理解していくことが大切。

ねらい

キミの「ケアレスミス」はどのタイプ？　分析してみよう！

やりかた

1．うっかりを減らすためには、まずは「うっかりじゃないのにうっかりだと思っている」間違いを減らすこと。どんなミスが多いのかをチェックして、次のテストに生かそう！

2．どっちにしろすぐには直らないのでじっくりと！

☆小学高学年以上でミスの多い人は、**やった問題は自分でまるつけ、直しまでする**習慣を。正誤確認の甘さが、ミスを野放しにする「やりっぱなし勉強」を常習化させることに。

☆お家の人は、本人の前で「も～！　うっかりミスが多いんだから！」と言わないこと！　これが一番大事～。

memo

質問14 カウンセリング・チェックシート

直らないところは直さない！ ケアレスミス トレーニングメニュー表

①純粋うっかりミス

- □ 解答欄に答えを書くのを忘れた
- □ 式で出した答えとは別の数字を解答欄に書いた
- □ 記号で答える問題なのに語句を書いてしまう
- □「誤っているものを選べ」と書いているのに正しいものを選んでしまう

⟹ 勉強やテストに対する緊張感や性格の問題。すぐに直るものではありません。時間を区切ったテスト形式の演習を続けることで改善します。

②雑ミス

- □ 自分が書いた字を途中で読み違える（0→6など）
- □ 自分で書いた計算符号を読み違える（＋→×など）
- □ 筆算の位がずれてまちがえる

⟹ 字を丁寧にするのはほとんど不可能。雑でもまちがわない工夫をする。

②計算ミス

- □ 繰り上がり・繰り下がりミス
- □ 割り算ミス
- □ ケタ、小数点ミス

⟹ 計算練習不足。
これはケアレスミスではありません！
計算ドリルをたくさんしよう。

③読み違い・かんちがい

- □ 単位を間違える
- □ 求めるべき数字を間違える

⟹ これも練習不足。
問題慣れしていない。応用問題、文章題を含んだ問題集に取り組む。

④ぼんやりミス

- □ とちゅうでなんとなく計算をやめてしまう
- □ 記述問題を書こうとしない
- □ 難しい問題のところで手が止まる
- □ できない問題を飛ばせない

⟹ うっかりミスとはちがうが、「家ではできるのにテストではできない」ことになりやすい。

質問15

動詞の複数形がわかりません

英語ニガテ。きらい。

えっと、動詞の複数形？　とか。わけわからん。

てかさ、ナントカ詞っていっぱいあるけど、なんなの？　ケーヨー詞とか。覚える意味ある？

外国行かないのに、英語できなくてもよくない？【男子　13歳】

❇ 単純そうに見えるでしょ？

前にも書いたけど、保護者や新人講師とかが、**「何でこんなことが分からないの？」**と思うのが英語。

質問者の中1は「勉強できない子」だろうと思った大人のアナタは残念ながら不正解。

これが平均。「ナントカ詞」に注意が向いているぶん、真ん中より上かも。

「一般動詞の三人称単数現在のｓ」は英語学習の序盤にして最大の山場。

逆に言うと、ここを乗り切ればその後英語が「ニガテ」になるような難所は存在しない。

質問の中学生みたいに、これを「動詞の複数形」と呼ぶ子は実際にけっこういます。

三単現のｓを学習するのは一般に中1の夏から秋にかけてですが、その直前に「名詞の複数形」をやる。こっちはみんな、割とスンナリ理解できる。

プロ野球チームを例にあげて、竜がいっぱいいるからドラゴンズとか、阪神はほんとうはタイガーズとか、鯉《こい》は魚なので単複同形でカープスとはならずカープだよとか、教えやすい。

そのあとの「三単現」なので、複数形と思う子がいるのもうなずける。ｓをつけるルールは同じだし。この単元を理解して使いこなせるようになるためには、

1　動詞とは何かが分かっている
2　一般動詞とbe動詞を区別する
3　主語が何かを理解する
4　主語が「三人称単数」かどうかを意識する

5　決まりに従って動詞の後ろにｓをつける

これだけの知識および手続きが必要。

で、ここができない生徒はほとんどが、1と2の段階でつまずいている。

新人講師とか、ふだん英語を見ていない数学や理科の講師がたまにこうしたつまずきを目撃すると、

「とまつ先生、分かりました！　この子、動詞が何なのか分かっていないいんです！　be動詞と一般動詞の区別もできていませんでした！」

と（ややドヤ顔で嬉々として）報告してくれるのですが、英語の指導はそこからです。

保護者がわが子の苦しんでいるようすを見あぐねてノートをのぞきこんだとき、

「あらまあ、この子、こんなカンタンなことも分かっていないなんて！」

仰天して解説を始めるも、我が子はいっこうに理解せず、思わずムカっときてそのまま親子ゲンカに発展。日本全国の家庭で繰り返されてきた光景でしょう。

❇ 会話英語と文法英語

中学1年の夏くらいに三単現のｓを学習して、ようやく落とし込めたところで、年明け

あたりから一般動詞の過去形（edとか）をやる。

三単現ｓが理解できている生徒なら、過去形は形が違うだけでほかのルール（疑問文・否定文は原形に戻すなど）は三単現とよく似ていることに気づくでしょう。

それでも中学生は英語の「動詞」を理解してはくれません。be動詞と一般動詞があって、一つの文のなかでその二つが両立しないということをうっかりすっかり忘れる。

「I am play the guitar.」なんて、よく書く。

国語も英語も、言葉には文法があり、一定の決まりに従って並ぶことで初めて意味をなす。

小学校の国語で学習した主語と述語とか、名詞、動詞、形容詞などの品詞の理解が、英文法理解のための足場になる。

最近は小学校で英語の授業がありますし、中学生になるまえに英会話教室で英語に触れている生徒が多い。でも、それで中学に入ってからの英文法理解の助けになっているかというと、**正直あまり効果を感じない**。

英会話教室が無意味というわけではありません。

文法がダメダメでも、**小学校時代に英会話をしっかりやっていた子はリスニングが強い**。

やはりネイティブとの会話で慣れているのでしょう。

大学入試改革ではリスニングの配点を大幅に上昇させることが検討されています。英会話の学習も意義深いと思います。

❇「入試レベル」の壁

中学校の内申では英語に5がついている。でも、難関高校の入試問題では全然点がとれない。そういう子は多い。

進学塾でゴリゴリ対策しない限り、難関校の英語レベルに学校の勉強だけで到達することは難しい。独学で合格までこぎつけるスゴイやつも中にはいますが。

数学や国語でも言えることですが、この傾向は英語で特に顕著です。

私の塾に通っている子に話を聞いてみると、学校の英語の授業では文法を扱うことが少ないのだとか。

学校の英語教育はこれまでの段階でもすでに、かなりの程度「会話英語」に重心を移している。だから、授業では文法の解説や教科書本文の精読よりも、クラスのなかでの会話練習とか英語で自己紹介とか何かのテーマについて発表とかいった、「アクティブ」な内容を充実させているようです。

そのこと自体は素晴らしいことだと思います。**でも、入試対策にはならない。**難関校対策には文法の演習と長文読解対策が不可欠。

そんなわけで、**中学英語の教育では、実は塾の文法講義が補完的な役割を担っている面がある。**塾でやっていることはあくまで受験対策ですが、しっかりした文法理解は、大学に入って英語の論文を読み書きするときに必要な知識です。

まとめ

- 中1の英語単元「三人称単数現在のs」は最初にして最大の難所。気長にじっくり取り組むべし。
- 文法英語と会話英語はまったく別モノとまでは言わないけど、かなり隔たりがある。
- 難関高校入試レベルの英語は学校の勉強だけでは到達するのが難しい。

中２レベル

《例題》

I could swim very fast when I was a junior high school student.

私は　できた　およぐ　とても　速く　とき　わたしは　だった　中学生。

【問題】

He has as many books as I have.

中３レベル

《例題》

I have known the girl that you met yesterday for two years.

わたしは　知っている　その　女の子（を）　あなたは　会った　昨日　２年間。

【問題】

Either Tom or Nancy has to go to the station to see her off.

ねらい

日本語と英語はいろいろかなり違っています！
英単語はそこそこ覚えた子が、語順の違いに敏感になるためのトレーニング。

やりかた

1. 《例題》のやり方にしたがって、それぞれの【問題】の文を①は日本語から英語に、②は英語から日本語に、できるだけそのままの語順で書き換えてみよう。

2. 日本語と英語の「語順」の違いを実感したら、入試問題によく出てくる「並べ替え問題」の要領で、正しい語順の文に直していこう。

質問15 カウンセリング・チェックシート

《超》カタカナ英語入門

①日本語をそのまま英語にすべし！

中１レベル

《例題》

太郎くんは　毎日　英語を　一生懸命　勉強します。

タロー　エブリデー　イングリッシュ　ハード　スタディー（ズ）

Taro　every day　English　hard　studies.

【問題】

花子さんは　木曜日に　図書館に　行きます。

中２レベル

《例題》

私は　中学生　だった　とき　とても　速く　泳ぐ　ことができました。

アイ　アジュニアハイスクールスチューデント　ワズ　ホエン　ベリー　ファスト　クド　スイム

I　a　junior　high　school　student　was　when　very　fast　could　swim.

【問題】

もし　明日　晴れなら　私たちは　サッカーを　する　つもりです。

中３レベル

《例題》

あなたが昨日会ったその女の子と私は２年前から知り合いです。

ユー　イェスタデー　メット　ザ　ガール　アイ　フォー　トゥー　イヤーズ　ハブ　ノウン

You　yesterday　met　the　girl　for　two　years　have　known.

【問題】

わたしは　むこうで　歌っている　男の人と　３回　話した　ことがある。

②英語をそのまま日本語にすべし！

《例題》

中１レベル

Taro　studies　English　hard　evey　day.

太郎は　勉強します　英語（を）　いっしょうけんめい　毎日。

【問題】

Does　your　brother　practice　basketball　on　Sundays?

質問
16

水溶液が苦手なので理科キライです

理科がニガテ。塩水の問題が全然分かりません。これって、数学の問題じゃないですか？【女子　15歳】

ごちゃまぜ教科・理社

小中学校の理科は高校に行けば化学、物理、生物、地学と分かれますが、**それぞれの中身は全然ちがう**。

水溶液の濃度の問題は中受験の小学生も高校受験の中学生もつまずくポイント。

小学生なら割合の計算、中学生なら方程式を使うので、そこの理解がいまひとつの子はお手上げということに。

水溶液は化学の分野で、計算らしい計算が必要な化学は、中学生まではほぼこの単元のみ。

計算が多いのは物理分野。電流・電圧・抵抗のところや、仕事量のところ。だいたいの子はニガテです。

理解できない単元がある。だからとっつきにくい。

気持ちは分かりますが、そう悲観することはない。

理科は、生物や地学など、暗記でなんとかなる単元もたくさんあります。

大学で「理系」の学部に進んだ人のなかにも、実は物理はニガテでした、という人は珍しくありません。

好きでない単元を放棄していいというわけではもちろんありませんが、「できないこと」に立ち止まりすぎてしまうと視野が狭くなる。

できない単元から嫌いになるのではなくて、できる単元から好きになる。そういう気持ちをちょっとでも持つことが大切。

社会も同様。地理・歴史（世界史・日本史）・政治経済・倫理。学ぶべき内容は多岐にわたります。

「歴史は好きだけど、地理がちょっと」こういうことを言う子、特に女の子に多い。

地理は空間把握、歴史は物語把握。

平安時代とか、戦国時代とか、ストーリーとして理解できる歴史は「面白い」と感じやすい。

「ニガテ↓キライ」は「好き」にはできない。少なくともニガテ意識を払拭《ふっしょく》しないことには難しいです。

好きになれない分野・単元を、無理に「補強」しようとしなくてもいい。

性格によって、とっつきやすさが明確に違うところが、理科・社会の面白さ。

好きなところを見つけ、そこから「好き」を広げていきましょう。

❇ 日々コレ実験

「歴史は単なる丸暗記ではなく、ひとつの歴史的な事件がどうしてそのようなことになったのか、その事件が歴史にどんな影響を及ぼしたのかを考え、ほかの歴史的なことがらと結びつけながら学びましょう」

社会の先生が必ず言う言葉。社会は暗記教科だから毎日100個ずつ言葉を覚えろ！なんてことはまず言わない。

よく引き合いに出される例は太閤検地《たいこうけんち》。戦国時代の終わりに行われたこの施策によって、平安時代から続いた貴族や寺社の荘園が消滅した。

土地制度史の画期であるとともに、古代王朝期から中世（鎌倉・室町）、さらに近世への歴史の大きな流れを、さらに言えば天皇、貴族、武士たち為政者の変遷と一般の農民たちをダイレクトに繋《つな》ぐダイナミズムを感じさせる。

これぞ歴史の醍醐味《だいごみ》！　とばかりに若手の社会の先生は研修の模擬授業そのままに熱っぽく解説するわけですが、生徒の反応はイマイチ。

「なぜ？　オレの授業の掴《つか》みが悪いのか？」

新人先生は苦悶《くもん》します。でも生徒が興味を持てないのは自然なこと。だって、**太閤検地という言葉そのものをその日の授業で初めて知ったわけだから。**

「実は、コレコレこうなんです！」

という**「歴史の真相」**を興味深く感じるためには、周辺の事柄をあらかじめよく知っていて、頭の中にある種の「常識」として定着している必要がある。「常識」が覆《くつがえ》されたり、隠された裏の顔を見つけることができたりするから面白い。

太閤検地なら小6の社会で一応歴史をひととおりやっているので、中学生の半分くらいは検地という言葉くらいはなんとか覚えているかもしれない。

でも、「おおっ、そうなんだ！」という驚きにいたるほどの「常識」にはなっていない。真相にいたるまでのストーリー展開や伏線の数々は、映画や小説なら序盤のお話のなかで自然にアタマに入ってくるものですが、社会や理科ではそれぞれのそれまでの勉強のなかで、自分なりの理解をアタマのなかに構築する必要がある。

そのためにしないといけないことが何かといえば、丸暗記。

「おおっ！」となる真相の発見は、社会・理科の勉強のなかで心がけていきたいことではありますます。でもそれはかなり学習の段階としては終わりのほう、高度で深いところで起こること。

映画やアニメの物語でも、どんでん返しは最後のほうに起こる。それと同じ。

地道な暗記を軽んじたところに、社会や理科の学びはありません。

その一方で、いままで別々の事象として存在していたものがつながったときの「おおっ！」の喜びを感じることができる人になるためには、子どものころから知的好奇心を育てていくことが大切でしょう。

自然科学、社会科学というと小難しい印象がありますが、もととなる対象や現象はほとんどすべてが身の回りにあるもの。

お星様がキレイだなとか、お湯が煮立つと湯気が出るのはなぜとか、鉄道はどこまでつづいているのか、とか。

幼少期の身近な好奇心から、すべてはつながっている。子どもの素朴な好奇心にどこまで付き合ってあげられるか。

小さいころは、問題集より図鑑を買い、一緒に見る。毎日の親子の会話は、学問に直結しています。

❇「常識」をわきまえるために

自然科学は自然界の法則を理解するための教科。小中学校ではこれをまとめて「理科」で勉強する。

社会科学は人間世界のきまりやひろがり、現在にいたる来歴を学ぶための教科。まとめて「社会」。

「愚者は経験に学び、賢者は歴史に学ぶ」という言葉があります。自分の経験だけで分かること、推し量れることは限られています。教えられることがなければ、私たちは地球が丸いことに気が付かないでしょう。

これまで人類が積み重ねてきた発見や道理や知識。理科や社会は、そうした先人の残した知識・教養の体系です。子どもでもなんとか理解できる部分を学校で学んでいる。

「ちょっと考えたら分かるだろ……」

と思えるような詐欺《さぎ》にひっかかる人がいて、ときどきニュースになります。

素人《しろうと》目にも明らかに非科学的なシロモノが売れたりします。

どう考えてもウソとしか思えないデマ情報がネットで出回って、広く信じられたりもする。

常識に欠けた人間をターゲットにした商売や、流言飛語。

ここでいう常識とは、義務教育を通過したなら最低限おさえられているはずの、21世紀の文明のなかでわきまえていないといけない科学的なものの見方や考え方のことです。

理科なら、慣性の法則とか、仕事量とか。

「水素水っておかしくない？」というのは化学の感覚でしょう。

学校で学んだ歴史はすべてウソだった⁉　という言説をネット上でよく見かけますが、そういうのをたやすく信じる人が、中学高校で歴史をちゃんと勉強したとは思えません。

「うまい金儲け」なんて存在しないとか。「社畜」以外にも生き方はあるとか。

歴史や政治を学べば、人と人はこれまでも、激しい利害関係の対立や争いのなかから様々な思想を生み出し、政治に生かして、戦争をくりかえしながらつかの間の平和を手に入れてきた経緯を知ることができる。

自分自身が自分のアタマで考える足場を作るために、高校までの理科・社会の知識は大きな役割を果たします。

まとめ

- 理社は単元ごとに内容が全くちがうので、ニガテなところで立ち止まらずに得意なところを探して好きになるべし。
- 歴史のダイナミズムを感じるためには一定の暗記知識が必要。
- 理科社会は現代社会の一般常識を学ぶ教科。

O.Dazai

C.Darwin

R.Sakamoto

テーマ		年　　月　　日
ねらい	場所	
やったこと・わかったこと		
次に向けて		

ねらい

年に４回は、研究（っぽいこと）をしよう！　やったことを記録に残そう！

やりかた

1. ちょっとしたことでもいいので、年に４回研究しよう！
   野外観察や読書にもとづいた考察、映画を見たり科学館に行ったりでも可。
   学校の夏休みの自由研究とかも、もちろん入れていい。
   レポートにまとめて残しておくことに意味がある。

2. ひとことづつ書き込むとかで全然問題ナシ。
   大切なのは、「調べた」経験を残しておくこと。
   思考を次につなげて発展させること。

質問16 カウンセリング・チェックシート

年に4回 研究計画報告書

テーマ		年　月　日
ねらい	場所	
やったこと・わかったこと		
次に向けて		

テーマ		年　月　日
ねらい	場所	
やったこと・わかったこと		
次に向けて		

テーマ		年　月　日
ねらい	場所	
やったこと・わかったこと		
次に向けて		

質問17

プログラムって、勉強なの？

小学校でプログラミングの授業が始まると聞きました。それは学校でやることなのでしょうか。塾のプログラミング教室も流行《はや》っているようですが、私としてはやらせる必要を感じません。しかし、うちの子だけが取り残されてしまうのではないかと不安もあります。実際のところ、どうなのでしょうか。【父　34歳】

リコーダーにくらべれば……

コンピュータって、私が子どものころは、まだまだ専門的な機械でした。インターネットが社会一般的なものになった1995年くらいから、ふつうの家庭でもパソコンを買い求めるようになってきた。

プログラミングは、今でも中学校の技術の時間に少しだけ扱います。

ほんとに初歩の初歩、basic で三角形とか円の図形をパソコンの画面に表示させる程度のことですけど。

新しいプログラミング教育は小学校から。

はじめはC言語や VisualBasic のようなプログラミング言語ではなく、プログラムの基本的な考え方を理解するための、命令（コマンド）をアイコンにしたソフトを使うようです。

……まあ、**有体《ありてい》に言えばお遊びのようなもの**。

これを学んだら、すぐにゲームクリエイターとかイケてるＩＴ社長になれるということでは、もちろんない。学校で音楽を学んだから歌手になれるわけでないのと同じ。

あくまで入門。子どもの可能性を少しばかり広げるという程度。

それで充分だと思うし、教育機関にそれ以上のことはできない。

たぶん、日本の教育で大人になって最も役に立たない学校の教育カリキュラムは、小中学校の音楽で習う**リコーダー**でしょう。

小学校でソプラノリコーダー、中学校でアルトリコーダーをやりました。で、卒業後、一度もリコーダーには手を触れていません。まったくの０。

いやあ、意味なかったな、リコーダー……。

低い「ド」の音、出すのに苦労したの、あれ、いったい何だったんだろう……。吹奏楽やオーケストラでフルートやピッコロを演奏する人なら多少は役に立つのかもしれませんが、ほとんどの人にとってリコーダーの技術はその後の人生で何の役にも立たない。全く役に立たない知識・技能を持っている。最後に触ってウン十年、もし今ポンと手渡されても、たぶんそこそこ音を出せる。

……それってもしかすると、ものすごく「ゆたか」なことなんじゃないでしょうか。リコーダーに比べると、プログラミングはずっと実際的。プログラマーにならなくても、将来、役に立つ可能性は高い。

たとえば私みたいな、ITとは程遠い職種である塾なんかやってても、html タグや cgi の基本的な知識があれば、何十万円も投じて業者にウェブサイトの制作を委託しなくても、なんとか自前でやっていける。

ゲームにしても、仕事に使うアプリケーションにしても、コンピュータのソフトがプログラム（コード）でできていることを実感するためにちょっとしたサワリを学ぶっていうのは、無意味なことではないと考えます。

習い事のプログラミングは、まあ、**やりたい人がやればいいでしょう**。好きなのはたいてい男の子です。本当に好きな子はどっちにしろいずれ独学でやり始めます。バンドマンが勝手にギターを始めるのと同じです。

❇「教育が変わる」と言われ幾星霜《いくせいそう》

新しい技術が教育を変えつつある。教科書がタブレットになるとか、黒板がデジタルになるとか。

実用化されているものも多く、お金のある学校はすでに完備しています。

「紙か、デジタルか」なんていう議論が始まると、両陣営から妙に感情的な意見をぶちまける人が現れて泥仕合、建設的な結論がないまま物別れになりがち。

現実には使えるものは残り、使えないものは捨てられていく。それだけです。

デジタル教科書など、タブレットを教室に持ち込む動きは可能性があると思いますが、紙の教科書に取って代わるためには、もう少し軽量化して子どもが触っても壊れない、机から落とした程度では問題ないレベルまでハードが作り込まれる必要がありそうです。

そうなる日は遠くないかもしれません。

「教育」の現場である教室が、少しずつでも変化しつつある。子どもたちの「勉強」はどうでしょう。

スマホで見られる授業の動画やタブレットのデジタル学習機器など、勉強のやり方に革新をもたらしそうなデバイスはいくつか現れています。

勉強は紙に書かれた活字文化とともにありました。**だれでも「読み書き能力」を身に付けることが、教育の最初の目標でした。**

ラジオが出現する。テレビが出てくる。インターネットが浸透する。そのたびごとに「子どもがバカになる」という言説がまことしやかに流れる。

新しい情報媒体がこれまでの「活字文化」を脅《おびや》かし、新しい世代が「読み書き」を軽んじた結果、次の時代に「勉強」が引き継がれない危険を感じるからでしょう。

今はまだまだ鉛筆と赤ペン、消しゴムにコンパスを使って問題集を解いていくタイプの昔ながらの勉強スタイルが主流。

これから変わっていくのか、それとも変わることはないのか。

私には想像がつきませんし、もし変わるとしたら、きっとそれは私含め、今の誰もが想像もしなかった形に変わるのではないだろうかと思います。

❇ 実技教科は副教科？

テレビを見ないで勉強する。ゲームをしないで勉強する。スマホを見ないで勉強する。電話をしないで勉強する。友だちと遊ばずに勉強する……。

勉強にはどうしても、何らかの「快楽」を犠牲にして成し遂げるという**禁欲的な側面**がある。

「これからの勉強はそんなんじゃない！」

と力説する人をネットで見かけますが、この本で何度か繰り返してきたように「勉強」を何かを成し遂げるための「努力する学習」ととらえるなら、**やはり勉強には何らかの禁欲が必要かもしれません**。

誰でも1日に与えられた時間は24時間。勉強に時間を振り分ける以上、それ以外の活動に費やす時間は減らす必要があるからです。

でも、できることなら変えていける部分は変えていきたい。

石にかじりつくような苦しいだけの勉強（こんな「勉強」、本当にしたことある人がどれだけいるかは謎ですが）ではなく、少しでも楽しみやすく、とっつきやすい勉強や、実社会でそのまま役に立つような「身になる」学びはないものか。

そんな試行錯誤から、アカデミズムや文科省や教育産業が、さまざまな教具とか映像とかデジタル機器とかアクティブラーニングとかを考え出してくれる。

そういう新しい「学び」、私もすごく興味ある。どんどん取り入れていきたい。それで勉強の本質が変わる日が来るなら、それでいい。

小学生に「何の教科が好き?」と問うと、「体育だけは好き!」「図工だけは好き!」「音楽だけは好き!」。こういうことを言う子どもがたくさんいます。

どうして好きなのかといえば、**楽しいから**と答える。

「実技教科」と呼ばれる教科は、教室で黙って先生の話を聞いたりノートに計算するんじゃなくて、身体を思い切り動かしたり、モノをつくったり声を合わせて歌ったりできる。

一方でこれらの実技教科は非公式に「副教科」と呼ばれる。

公立中学生は内申に響くのでそれなりにがんばるけれど、中高一貫の生徒の多くは定期試験では半ば公然とこれらの教科を「捨てる」。たとえ実技の体育や美術は楽しんでいても。

なぜって、**入試に関係ないから**。

選抜に関わる評価に結びつかない学びは生徒をモチベートできない。

遊んでるほうが楽しいに決まってる。

「楽しい」実技教科が、いつの間にか評価に結びつかない「捨てる」副教科になる。

選抜という報酬のためだけに学ぼうとする子どもたちを、嘆《なげ》かわしいと批判することはたやすい。

でも大人の私たちだって、一文の得にもならなければ誰かの役に立つわけでもないことなんて、よほどのことじゃないかぎりやる気にならない。

勉強に遊びの要素を取り入れることに意義はあると思うけれど、勉強は遊びそのものにはなりません。

勉強の本当の「楽しみ」は、遊びのそれとは違うものです。

まとめ

- プログラミングはコンピューター入門。子どもの可能性をちょこっと広げてくれる。
- 教育はもともと「読み書き能力」を身につけさせるためのもの。テレビやコンピュータなどのデジタルメディアとどう関わっていくのかはまだ分からない。
- 勉強の楽しさは遊びの楽しさとは違う。

ねらい

やりたいことは全部やれ！　でも１日は24時間。

やるべきこととやりたいことは裏表。やるべきことをやりたいことに変えて、やりたいことからやるべきことを導く。

そこからやることを決めていく。

やりかた

1．「やるべきこと」の上の欄に、とりあえずやらないといけないことを１つ書く。
　例 数学の勉強、ピアノの練習　など

2．書き込んだ「やるべきこと」の➡の先にある「やりたいこと」に、やるべきことを成し遂げたことで得られるもの、できることを書く。
　例 志望校に合格、成績アップ、コンクールで入賞　など

3．「やりたいこと」の真ん中の欄に、いまやりたいことを１つ書く。
　例 ゲーム、友だちと買い物　など、好きな本やマンガを全巻読む、テレビを見る　など

4．「やるべきこと」の真ん中の欄に、今書いた「やりたいこと」をするためにやらないといけないことを書く。
　例 早起きして時間を作る、おこづかいをためる、家に帰ったらまず宿題を終わらせる　など

5．下の段の「やるべきこと」「やりたいこと」は、上の２つ以外のことを、好きなほうから書き込もう。

6．「やること」の欄に、「やりたいこと」と「やるべきこと」を両立させるために、習慣として取り組んでいきたいことを具体的に書き込もう。

質問17　カウンセリング・チェックシート

やるべきこととやりたいことを総合する！

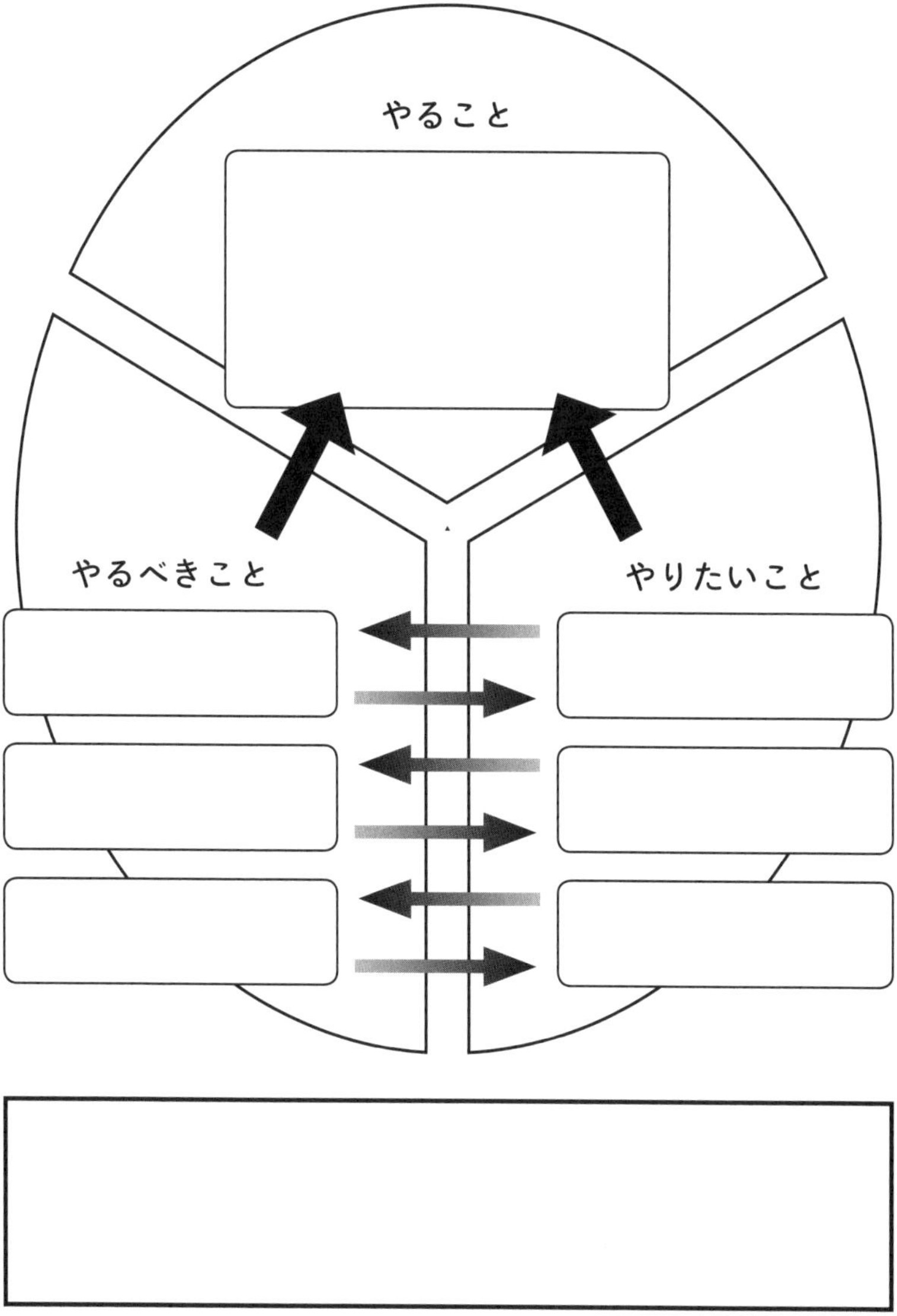

コツより時間　大切なのは続けること

「勉強しなさい」

と言って子どもを机に向かわせても、**放っておいたらぼーっと教科書を見ているだけ**。

本人は「見て覚えてる」なんて言うんだけど、効果は期待できない。

そういう「勉強」しかしない子からすれば、勉強のコツと呼べるものは確かにある。

見ながら書く。それから、見ないで書く。テストしてみる。

意味が分からないところは教科書や参考書で調べる。それでも分からなければ先生に聞く。**で、また問題を解く。テストしてみる。**

それだけ。

でも、言葉で言うのは簡単でも、このプロセスはけっこうしんどい。

知らなかったことを覚えようとする、分からないことを理解しようとするのは、脳に負担をかけること。**体力を使う**。カロリーを消費する。

今までの固定観念を壊していくのはわくわくすることですし、新しい知識を手に入れればうれしいものですが、その反面、不安や恐怖を伴うこともあります。

だから、周囲の大人から見て問題点は明らかでも、なかなか本人が腰を上げない。

教科書を見ているだけで、問題を解こうとしない。つまり**頭を使おうとしない**。


頭を使う勉強をするためには、どうすればよいでしょう。

短い時間でも集中して問題を解いて、勉強する前と勉強したあとでは10個の言葉を覚えられたとか、意味の分からなかったところが理解できたとかいった**「できるようになったこと」が1つでも言えるようにする**。

毎日、小さな目標を作ってそれを達成する。言わば**「ミッション達成型」**の勉強です。

これが、教科に関わらず、勉強する上で一番大切な「やり方」です。

ミッション達成型の勉強は、最初のうちは短時間で終わってもかまわない。それまで教科書を眺めるだけの勉強しかしてこなかった子であれば、かなり疲れるはずですから。

これをできれば毎日続けて、少しずつ分量を増やしていく。

勉強は最低限の質が担保できれば、あとは量、つまりかける時間が結果に直結します。

1日24時間、1週間168時間をどのように使うのか。

勉強して前に進む充実感や喜びを知れば、時間を延ばすのはそんなに大変なことではないはずです。

まとめ

- 「コツ」や「やり方」も大切だけど、一番重要なのは頭を使うこと。
- 1日1つでも2つでも「達成したこと」がはっきり言える「ミッション達成型」の勉強を心がける。
- 努力して前に進む感覚を知れば、勉強はもっと楽しくなる。

おわりに　「勉強法」を言い訳にしないために

❇ セールストークにご用心？

成績に悩んで塾に問い合わせ、話を聞きに行く。

保護者懇談。最近の成績とか、家での様子とかをつらつら話す。

「それは勉強のやり方が分かっていないだけですね！　当塾の◯◯方式なら、成績は必ず上がります！」

おお、それはすごい。なんとかしてくれそう。で、入塾。

「勉強のやり方が分かっていないからできない。やり方が分かればできるようになる」

半分は真実。でも言うまでもなく、**もう半分はセールストーク**。

カンタンな研修で、若い社員でもすぐに覚えられる。

この本の最初で、勉強を山登りにたとえました。

もうちょっと具体的に「富士山の登り方」なら、このルートが安全だとか、あの山小屋は快適だとか、ペース配分やスケジュールはこうしたほうがいいとか、伝えるべき「やり方」はいくつもある。

でも**「山の登り方」そのものに、これといった方法はありません**。

特別な装備が必要になる危険な山は別として、山に登るために必要なのはまず「登り始めること」。そして「登りきること」。

坂道を上るだけです。

勉強も同じ。

東大に入るための方法なら、いくつかあるでしょう。

でも、勉強そのものに「やり方」はない。

まずは**勉強を始めること、そしてそれを続けること**。大切なのはその2つです。

「ヤル気」みたいな気分が大切な瞬間も、あるにはある。

でも本当に大事なのは**具体的な目標を立てること**。生活の中で**勉強の優先順位をあげること**。

❇ あのときがんばって、よかった！

私がこの本で特に分かってほしかったのは2つ。

一つ目は、ぼんやりでいいから**「将来まで見据《みす》えた計画を立てて勉強するべし」**ということ。人によっては「勉強」はそんなにしなくても大丈夫かもしれない。でも、ほとんどの人にとって「勉強」は将来の力になる。

もう一つは**「ゆっくりやりたい人は早めに始めるべし」**ということ。本編でも述べましたが、これは何度でも繰り返しておきたい。遅く始めてゆっくりやる、という選択肢はありません。

勉強って、何のためにするのか。

大学入試や資格試験があるからする。具体的には、そうです。

でもそれだけじゃない。

プロ野球選手になるためだけに野球が存在するわけじゃないし、ピアニストになるためにピアノがあるわけじゃないのと同じ。

私のように「勉強」に関わる仕事をしていればなおさら、もっと超越的で高尚な意義付けを与えたい気持ちになる。

教養を身につけて生きる知恵を養えるとか、普遍的な努力のやりかたを学べる機会だとか。

それはそのとおりだし、本編でも何箇所かに書きました。

書いたけど、それでもなお、私はこの本を、そうした**「教育業界の地位向上」のための**

方便みたいなものにしたくはなかった。

試験があって、合格と不合格がある。勝ち負けがスパっと分かれた世界を生き抜くにはどうしたらいいのか。

学校、塾問わず「教育する」側の人間は勉強や学習を何か「深いもの」として捉えたがりますが、「勉強する」側の人間、つまり児童生徒と保護者からすれば、それらはもっと**即物的で生臭《なまぐさ》いもの**。

クラスの中で、塾の中で、自分の立ち位置を決める少なくとも1つのメジャーであり、将来の見通しを占う大きなファクターの1つです。

そのことをすべて受け入れて、そのうえでなお、

「あのとき、がんばって本当によかった」

と後になって思えるようなものであって欲しい。そういう「勉強」がこれまでと同じように、この先もずっと続けばいいと、私は心から思います。

❇︎「フツー」の勉強

前著『電子黒板亡国論』(創元社、2017)は、テクノロジーと教育という切り口で、私なりの「教育論」をまとめてみたつもりです。次は「勉強論」を書きたいという思いで、

この本のアイデアを編集の山口泰生さんに持ち込みました。

でも書き始めてみて、「教育論」に比べ「勉強論」はとても書きにくいことに気づきました。教育にたずさわる人は利害や職種ごとに「教育学者」とか「学校教員」とか「塾講師」とか「教育行政」とか「親」とか、ある程度類型化できるのですが、**勉強する子どもたちは目標そのものがバラバラで、かける思いもさまざま**だからです。

私は東大出というわけではない。勉強は人並み以上にはしましたが、いわゆるガリ勉をしたわけでもない。いわば「フツー」の受験をして、勝ったり負けたりしてきました。

私の塾に来るのも東大志望、京大志望ばかりというわけではない。比較的成績の良好な子が多いとはいえ、塾に来るのは「フツー」の子どもたち。

「フツー」というのは、**勉強だけでは生きていない**ということ。

勉強以外に楽しいことがあり、楽したりサボったりしたい気持ちもある。生活全体のなかに勉強をどう位置づければいいのか、迷うことがある。それが「フツー」。

ほとんどの人にとって、勉強とはそういうものです。現代社会に開かれた、ちょっとしたチャンス。世に出るためのルートであると同時に、なにやら高尚で深遠な真実めいたものに通じているかもしれないと、思わせるもの。

厄介だけど避けがたく、やればいいことありそうだけどアホくさくもある。勉強をそんなふうにとらえているほとんどすべての人たちのために、この本を書いたつもりです。

まずは何も考えずに最初の一歩を踏み出してみる。いきなり他人の2倍がんばろうとしなくていい。とりあえずは1.2倍くらいで。

気分が乗らないときもあるけど、心の中で3つ数えて、まずは5分やってみる。

解けない問題は「難しい」と言ってもいいけど、「無理」「意味ない」はNGワード。自分の目の前に見える課題は、とりあえずはやるべきこと。不可能なこともあるけれど、まずは全部やろうとしてみる。

私が考える、**勉強への理想的な心構え**です。

夢や目標に向かって力いっぱい努力できる──人として生まれて、これ以上に幸福なことがあるでしょうか。

勉強が、それを実現するための大きな手段であり続けて欲しい。これが、一教育者として、また一勉強者としての、私の切なる願いです。

著者略歴

戸松幸一（とまつ・こういち）

京都市左京区にて学習塾「沐羊舎《もくようしゃ》」主宰。
1974年、北海道釧路市に生まれる。妹2人の長男。裏山が釧路湿原につながる小学校に通う。北海道立釧路湖陵高校普通科を卒業後、札幌での予備校生活を経て、同志社大学文学部社会学科新聞学専攻に入学。就職氷河期真っ只中の1998年に卒業。ある業界新聞社から内定をもらうが、悩んだ末に、京都大学大学院教育学研究科（教育社会学専攻）に進学、学者を志す。ところがアルバイトで始めた塾講師にハマってしまい、修士号を取得後、京都の大手進学塾に入社。約10年勤め退職、2016年に学習塾〈沐羊舎〉を設立。「明るい努力ができる場所」をモットーに、志望校合格への無理のない、それでいて本気のがんばりができる塾として、地域の支持を得る。長年の指導経験に裏打ちされた独自のノウハウを盛り込んだ著書『〈とまつ式〉公立中高一貫校 合格をつかむ作文トレーニング』（創元社）は多くの親子から高い評価を得、ほかに、塾経営者の立場からの教育論である『電子黒板亡国論』（創元社）やサブカル研究書『ヒトラーの呪縛』（共著、中公文庫）など、著作も多い。男子3兄弟の父。

親子《おやこ》で学《まな》ぶ！ グングン伸《の》びる！ とまつ式《しき》〈勉強《べんきょう》〉のススメ
17の「勉強《べんきょう》チェックシート」でステップアップ

2019年3月20日　第1版第1刷　発行

著　者 …… 戸松幸一
発行者 …… 矢部敬一
発行所 …… 株式会社 創元社
https://www.sogensha.co.jp/
本社　〒541-0047 大阪市中央区淡路町4-3-6
Tel.06-6231-9010　Fax.06-6233-3111
東京支店　〒101-0051 東京都千代田区神田神保町1-2 田辺ビル
Tel.03-6811-0662
印刷所 …… 図書印刷株式会社

ISBN978-4-422-37002-6 C0037